中国哲学新思丛书

主编 梁涛

走下神坛的牟宗三

杨泽波 著

中国人民大学出版社
·北京·

总　序

本套丛书名为"中国哲学新思丛书",意在反映中国哲学的前沿问题和最新成果。作为丛书的主编,本套丛书自然包含了我的一些想法和思考。

2008年完成思孟学派的研究后,我的研究转向了荀子。孟子、荀子乃战国儒学的双峰,但二人的地位和影响却大相径庭。按照传统的说法,孟子经子思、曾子而接续孔子,传尧、舜、禹、汤、文、武、周公以来之道统,而荀子则偏离了这一儒学正统。但我在研究郭店竹简子思遗籍时,注意到子思的思想不仅影响到孟子,而且为荀子所继承,从孔子经子思到孟子、荀子,实际是儒学内部分化的过程。分化固然使儒学的某些方面得到深化,但也使儒学原本丰富的面向变得狭窄。所以,立足儒学的发展与重建,就不应在孟子、荀子谁是正统的问题上争来争去,而应统合孟荀,重建更合理、更符合时代要求的儒学体系。所以,在完成、出版《郭店竹简与思孟学派》一书后,我自然开始关注起荀子的研究。由于这个缘故,本套丛书中有两部关于荀学的著作,分别为唐端正先生的《荀学探微》和刘又铭先生的《一个当代的、大众的儒学——当代新荀学论纲》，这既有我个人的考虑，也说明荀学已成为中国哲学研究中的"显学"。

唐端正先生曾任教于香港中文大学，为唐君毅先生的学生，《荀学探微》所收录的文章多发表于20世纪七八十年代。经过近半个世纪的洗礼，这些成果不仅没有失去学术价值，反而益发显示出其重要性。由于唐先生的文章多发表于香港、台湾的杂志上，内地（大陆）读者检索不易，故我征得唐先生的同意后，将其有关荀学的论述整理成册，再次推荐、介绍给读者。我在梳理前人的荀学研究中，注意到港台地区的荀学研究似乎存在两条线索：一条以牟宗三先生的《荀学大略》为代表，认为荀子代表了儒家的客观精神，但存在"大本不正""大源不足"的问题，其价值在于可以弥补孟子思想之不足。这一看法在劳思光的《新编中国哲学史》、韦政通的《荀子与古代哲学》、蔡仁厚的《孔孟荀哲学》中得到进一步阐发，其最新论述可以台湾政治大学何淑静女士的《孟荀道德实践理论之研究》《荀子再探》为代表。作为牟先生的弟子，何教授在整体继承牟先生观点的基础上，在一些具体问题上有所深化。这条线索影响较大，代表了港台地区荀学研究的主流，故可称之为主线。另一条则以唐君毅先生为代表，不同于牟先生对荀子的贬斥，唐先生认为荀子言性恶，乃是针对道德文化理想而言，是用道德文化理想转化现实之人性，"荀子之所认识者，实较孟子为深切"。唐端正先生则注意到，《荀子·性恶篇》的主题，不只是性恶，还提到善伪。"我们与其说荀子是性恶论者，不如说他是善伪论者。"针对牟先生将荀子的心仅仅理解为认知心，唐端正先生则强调，荀子的心实际具有好善、知善、行善的功能，绝非能简单用认知心来概括。两位唐先生所代表的这条线索，影响虽然无法与前者相比，只能算是辅线，但在我看来，实际更值得关注。近些年我借助出土材料，提出荀子的人性主张实际是性恶心善说，即是对唐端正先生观点的进一步推进。我甚至认为，不断摆脱牟先生所代表的主线的影响，而对两位唐先生所代表的辅线做出继承和发展，可能是今后荀学研究的一个方向。这也是我向学界推荐、介绍唐端正先生旧作的原因和用心所在。

刘又铭教授是我研究荀子的同道，也是相识多年的朋友。又铭兄在重孟轻荀的台湾学术界首次提出"新荀学"的主张，一石激起千层浪，引起极大反响。对于又铭兄的观点，我也有一个接受、认识的过程。又铭兄曾在《从"蕴谓"论荀子哲学潜在的性善观》一文中提出，"就深层义蕴而言，荀子的人性论其实仍可归为某一种（异于孟子）类型的性善观"。对此我曾不以为然，批评其没有摆脱传统认识的窠臼，仍是以性善为标准来评判荀子，为此不惜让荀子屈从于性善。现在看来，我之前的认识有误，又铭兄的努力是值得重视和肯定的。我近年提出荀子是性恶心善论者，虽不能说是受又铭兄的影响，但的确反映了自己思想认识上的转变。以往人们为性恶论辩护，主要是与西方基督教相类比，认为基督教可以讲性恶，荀子为何不可以讲性恶？荀子对儒学乃至中国文化的贡献恰恰在于其提出或揭示了性恶。但这种比附忽略了一点，即基督教是在有神论的背景下讲原罪、性恶的，人的罪（恶）正好衬托出神的善,故只有在神的恩典、救赎下,人才能得到拯救。所以,在基督教中,性恶与有神论是自洽的。但在中国文化中,由于理性早熟,人们逐渐放弃了对人格神的信仰,特别是到了荀子这里,天已经被自然化了,所谓"天行有常,不为尧存,不为桀亡"。因此,讲性善,则肯定内在主体性;讲性恶,则突出外在权威、圣王。但在荀子那里,又不承认圣王与常人在人性上有什么差别,认为其同样是性恶的,这样,第一个圣人或圣王是如何出现的便成为无法解释的问题,其理论上是不自洽的。所以,在中国文化的语境下,性恶论是"大本已坏"的判断并没有错,宋儒的错误在于忽略了荀子思想的复杂性,误以为荀子只讲性恶,不讲心善,忽略了荀子同样肯定人有内在道德主体性。为荀子辩护,不必非要肯定性恶的合理性,而应对荀子人性论的复杂性、全面性做出准确的梳理和解读。

又铭兄提倡"新荀学",特别重视《荀子》这部经典,我则主张"统合孟荀",提出"新四书"的构想,所以我们对荀子在儒学史上的地位和作用的认识是不同的,但这种分歧并不是截然对立、彼此排斥的。在 2017 年中国人民大学国学院主办的"统合孟荀与道德重估"的会议上,曾有学者质问我:为什么一定要统合孟荀?难道不可以提倡孟学或荀学吗?我的回答是,当代新儒学的发展当然可以有新孟学、新荀学,但也可以有由统合孟荀而来的新儒学。在儒学的创新上,不妨百花齐放,各展所能,各施所长,至于结果,则留给历史去选择。

李存山先生是我敬重的前辈学者,曾长期负责《中国社会科学》的工作。十余年前,他辞去副总编辑的职务,回到中国社会科学院哲学研究所中哲研究室，专心从事学术研究。记得一次聊天时，李老师曾说：我已经很久没有出版专著了。我知道李老师在精心准备一部大作，而这部著作是关于范仲淹的。当时余英时先生的《朱熹的历史世界》出版不久，引起了学界的普遍关注。李老师写出了《宋学与〈宋论〉——兼评余英时著〈朱熹的历史世界〉》，指出余著忽略了范仲淹对宋初三先生的影响，同时提出，余英时先生把朱熹的时代称为"后王安石时代"并不恰当。与其称之为"后王安石时代"，毋宁称之为"后范仲淹时代"。当时社科院历史研究所有一份内部刊物——《中国思想史研究通讯》，由我具体负责，我将李老师的文章发表后，很快收到余英时先生的回信：

梁涛先生：

　　收到寄赠《中国思想史研究通讯》第六辑，十分感谢。李存山先生大文兼评拙作，言之有物，持之有故，很感谢他赐教的雅意，乞代为致意为幸。贵刊资讯丰富，对于同行的人是极有帮助的。特写此短札，以略表致谢之忱。

　　敬问
安好

余英时手上
（二零）零五年九月十九日

以往的宋明理学研究由于受哲学范式的影响，主要关注理气、心性等所谓道体的问题，余英时先生则反其道而行之，认为理学家与以往的儒者一样，真正关心的仍是人间秩序的问题。他提出"内圣外王"连续体的概念,强调理学家不仅关注"内圣",同时也关注"外王",甚至认为"外王"的问题比"内圣"更重要。余先生主张对朱熹的研究要从"思想世界"回到"历史世界",并视之为一场哥白尼式的倒转。但在我看来,似仍有一间之未达,主要是因为余先生采取了历史还原的方法,将"内圣"还原到"外王",认为"内圣"的提出是为了解决"外王"的问题,但二者的关系如何,却往往语焉未详,未能说明理学家关于道体、形上学的讨论与现实政治之关系的问题。其实,宋明理学的主题应是天道性命与礼乐刑政,当时的学者一方面推阐天道性命以寻求礼乐刑政的理论依据,另一方面又锐意名教事业以作为天道性命之落实处,故理学家对道体或天道性命的讨论绝非空穴来风,做无谓的工作,而是从哲学、形上学的角度为现实政治寻找理论依据。对于理学家的思想恐怕要这样解读,今后的理学研究也需要在"思想世界"和"历史世界"之间达到一种平衡。所以,在接到主编本套丛书的任务后,我立即与李存山老师联系,希望将他计划写作的《范仲淹与宋学精神》列入本套丛书。李老师谦称,只完成了几篇文章,编在一起只能算一本小书。但书的"大""小"岂可用字数衡量?李存山老师强调范仲淹的重要性,认为其"明体达用之学"代表了宋学的精神和方向,相信李老师的这本书对今后的宋明理学研究会产生重要的启示和借鉴意义。

杨泽波教授是著名的孟子研究专家,在孟子研究上用力颇深,他的《孟子性善论研究》是改革开放后孟子研究的一部代表性著作。在完成孟子研究后,杨教授转而关注港台新儒家的代表人物牟宗三的哲学,积15年之力,出版了皇皇5大卷、240余万字的《贡献与终结——牟宗三儒学思想研究》,可谓是牟宗三研究的集大成之作。杨教授的新著体大思精,对专业研究者来说,是必读的参考文献,但对一般读者而言,阅读起来则显得不便。故我与杨教授商议,将其著作压缩出一个简写本,这样就有了《走下神坛的牟宗三》一书,它虽只有10余万字,但更为概括、凝练,更便于读者理解杨教授的主要见解和观点。杨泽波教授年长我10余岁,据他讲,当年曾经深受牟宗三的影响,是通过阅读牟先生的著作而走上儒学研究的学术道路的,而他现在的研究则更多地表现出对牟先生思想的反省和检讨。这种情况不仅发生在杨泽波教授身上,同样也存在于我们这些六零后学者身上,可以说反映了内地(大陆)儒学研究的基本趋势:从阅读牟先生等港台新儒家的著作开始接受和理解儒学的基本价值,又从反思牟先生等港台新儒家的学术观点开始尝试建构内地(大陆)新儒学的研究范式。出现这种情况并不奇怪,毕竟内地(大陆)学者与牟先生那一代学者生活在不同的社会环境,故而问题意识、所思所想自然会有所不同。牟先生他们当年生活的港台社会,西风日盛,民族文化花果飘零,故其所要论证的是儒家文化仍然有不过时的恒常价值,这个他们认为是儒家的心性,同时他们深受五四时期科学和民主观念的影响,认为传统儒学的缺陷在于没有发展出科学和民主,所以他们对儒学的思考便集中在"老内圣"如何开出"新外王"、心性如何开出科学和民主的问题上。但这样一来,就在有意无意中将儒学自身的问题和逻辑打乱了。我多次强调，儒学的基本问题是仁与礼的关系问题，这一问题在理学家那里又表现为天道性命与礼乐刑政的问题，今天讨论儒学仍不能回避儒学的这一基本问题，所以我们与其问儒学为什么没有发展出科学和民主，不如问儒家的礼乐刑政为什么没有或如何完成现代转化。发展仁学、改造礼学，才是儒学发展的根本所在。牟先生由于受五四礼教吃人观念的影响，视礼学为儒家过时之糟粕，避之唯恐不及。这样，完整的儒学思想便被砍去一半，所缺的这一半只好用科学和民主来填补。但既然我们不要求基督教、佛教发展出科学和民主，那么为什么一定要求儒学发展出科学和民主？似乎不如此便不具有合法性。这显然是不合理的，也缺乏对儒学这一古老精神传统必要的尊重。而且，引发出另外一个后果：既然可以不顾及儒学的内在理路和逻辑，片面要求其适应所谓的科学和民主，那么反过来也可能促使人们以儒学独立性的名义反对民主，认为完整的儒学与民主恰恰是对立的、不相容的。这在当前学界竟成为一个颇有影响的观点，尤其为许多民间学者所信奉，不能不说与牟先生对儒学的片面理解有关。牟先生对荀子评价不高，对儒家的礼学传统重视不够，其实也反映了这一点。不过，虽然我们与牟先生在对儒学的具体理解上有所不同，但牟先生所强调的儒学需要经历现代转化则无疑是需要予以充分肯定的。2017 年我在"牟宗三对中国哲学的贡献与启示"学术研讨会上明确提出"回到牟宗三——大陆新儒学的发展方向"，即是要突出、强调这一点。"回到"不是简单地回归，而是回到追求儒学现代性的起点，以更尊重儒学的基本问题和内在理路的方式探讨儒学的现代转化。这应该是内地（大陆）新儒学既继承于港台新儒学，又不同于港台新儒学的内容和特点所在。牟先生曾自称"一生著述，古今无两"，是当代最具原创性的思想家和儒学大师，他的一些具体观点、主张，我们或许可以不同意，但绝不可以轻易绕过，今后新儒学的发展仍需要充分继承、吸收牟先生的研究成果，并有所突破和发展。杨泽波教授研究牟宗三儒学思想多年，对牟先生的重要学术观点都提出了独到的分析和看法，给出了相对客观的评价，相信他这部新著，对于我们理解、消化牟宗三的儒学思想会产生积极的借鉴作用。

本套丛书收录的《新四书与新儒学》一书，是我近年关于重建新儒学的一些思考，包括新道统、新四书（《论语》《礼记》《孟子》《荀子》），对孟子、荀子人性论的重新诠释，统合孟荀、创新儒学，以及自由儒学的建构，等等。需要说明的是，《新四书与新儒学》一书的内容只是我目前的一些思考，虽然奠定了我今后儒学建构的基本框架，但还有更多问题有待进一步探讨。这些问题不断涌入我的头脑，使我每日都处在紧张的思考中，而要将其梳理清楚，还要补充大量的知识，付出辛勤的劳作。故该书只能算是一个初步的尝试，是我下一本更为系统、严谨的理论著作的预告。由于这个缘故，该书有意收录了一些非正式的学术论文，这些文章或是随笔、笔谈，或是发言的整理稿，对读者而言，不仅通俗易懂，而且观点鲜明，使其可以更直观地理解我目前的思考和想法。

最后，我要感谢中国人民大学出版社学术出版中心杨宗元主任将主编本套丛书的重任交付于我，使我有机会学习、了解中国哲学研究的最新成果和思考。我也要感谢各位责任编辑，由于你们的辛勤付出，本套丛书才得以如此快地呈现给每一位读者。

梁涛

2018 年 9 月 27 日于世纪城时雨园

从这个意义上,我的存有论研究可以说是一个"去魅"的过程,即把牟宗三从神坛上请下来,将其作为一个哲学家与之对话。既然是哲学家,既然不是神,那么必然就会有缺点,就会犯错误。研究者的任务就是在与之对话的过程中,汲取其理论之精华,发现其思想之缺陷,一同在哲学的道路上向前迈进。

——《贡献与终结——牟宗三儒学思想研究:第三卷存有论》,第6页

目　录

导　论　　　　　　　　　　　　　　　　　　　　　　　1
　一、牟宗三儒学思想的主要内容　　　　　　　　　　　1
　二、牟宗三儒学思想的理论贡献　　　　　　　　　　　8
　三、牟宗三儒学思想的方法终结　　　　　　　　　　　22
第一章　坎陷论　　　　　　　　　　　　　　　　　　　42
　一、"坎陷"概念的真实含义　　　　　　　　　　　　42
　二、坎陷论的理论意义　　　　　　　　　　　　　　　46
　三、坎陷论的方法缺陷　　　　　　　　　　　　　　　48
第二章　三系论　　　　　　　　　　　　　　　　　　　53
　一、三系论的两个理论贡献　　　　　　　　　　　　　53
　二、形著论的内在缺陷　　　　　　　　　　　　　　　57
　三、活动论的内在缺陷　　　　　　　　　　　　　　　64
　四、三系论思想方法的不足　　　　　　　　　　　　　71
第三章　存有论　　　　　　　　　　　　　　　　　　　76
　一、存有论的四个要素及其理论贡献　　　　　　　　　76
　二、超越存有论的误区及其方法缺陷　　　　　　　　　82
　三、无执存有论的误区及其方法缺陷　　　　　　　　　87

四、从熊十力到牟宗三：发展与迷失之间　　101

第四章　圆善论　　106
　　一、圆善论的意义　　106
　　二、圆善论的缺陷　　110
　　三、由圆善论看儒学与康德哲学文化背景的差异　　118

第五章　合一论　　122
　　一、早期圆成论与后期合一论之同异　　122
　　二、早期圆成论与后期合一论之是非　　128
　　三、早期圆成论与后期合一论之优劣　　136

附录　"七七、七八现象"与我的哲学研究之路　　139
后　记　　168

导　论*

一、牟宗三儒学思想的主要内容①

尽管牟宗三涉猎广泛，但他对中国哲学最大的贡献无疑还是在儒学思想方面。如何概括牟宗三儒学思想，学界并没有一个普遍认可的做法。有按时间脉络进行梳理的，有分别讨论其良知论、两层存有论、现相与物自身思想、内圣与外王关系的。这些做法都有可取之处，但在总体把握牟宗三儒学思想方面则总有不够到位的感觉。在反复试过不同方案之后，我把牟宗三儒学思想分疏为五个方面：一是通过坎陷开出科学和民主的思想，这可以被称为"坎陷论"；二是将朱子从至高的位置上拉下来，定为旁出，并打破传统理学、心学二分格局，另立五峰、蕺山为一系的思想，这可以被称为"三系论"；三是强

---

* 这一部分由《贡献与终结》一书的"总序"组成。原书"总序"共有六节，这里只取其中的第二、三、四节，参见：杨泽波. 贡献与终结：第1卷. 上海：上海人民出版社，2014：总序7—36。

① 本节在原书中的标题为"牟宗三儒学思想主要内容与各卷的安排"。

调道德之心不仅可以创生道德善行,而且可以赋予宇宙万物价值和意义的思想,这可以被称为"存有论";四是以中国哲学特别是儒学智慧为基础解决康德德福关系问题的思想,这可以被称为"圆善论";五是破除康德以判断力沟通理论理性与实践理性的做法,强调真美善原本就相即相融,没有罅隙,无须沟通的思想,这可以被称为"合一论"①。这样做的好处是既照顾了历史的顺序,又兼顾了思想的内在逻辑,做到历史与逻辑的一致,使读者一提到牟宗三,就马上可以按照时间的顺序列出其最具代表性的思想。《贡献与终结》分列五卷,分别讨论牟宗三儒学思想的这五个方面,正是以此为基础的。

坎陷论是牟宗三最早提出来并且能够代表其儒学思想的一种理论。牟宗三提出这一思想,主要是为了解决在新的历史条件下,如何在传统基础上发展出科学和民主,跟上历史潮流的问题。这一理论自 20 世纪中叶提出之后,一直争讼不止,疑惑不断,人们很难清楚地道出它的真正含义,甚至说不清楚"坎陷"这一概念的具体所指。根据我的分析,"坎陷"这一概念具有三层基本含义,并不难理解:一是"让开一步",即道德暂时退让一下,不再着力发展自身;二是"向下凝聚",即发展道德之下层面的东西;三是"摄智归仁",即发展道德层面之下的东西仍然不能脱离道德的指导。牟宗三之所以这样思考问题,是因为在他看来,科学和民主虽然在中国没有得到很

---

① 牟宗三也在德福一致的意义上使用"合一"的说法,但《贡献与终结》中的所谓"合一论"特指真美善相即相融,没有分别,即只在真美善之关系的意义上,而不在圆善的意义上使用这个概念。

好的发展，但中国文化并不输给西方文化。西方重视认知，所以有科学和民主，但这个层面并不高。我们如果能够从自己的道德强项中主动让出身段，向下发展，那么同样可以发展出科学和民主。通过坎陷发展出科学和民主，蕴含着这样一个道理：我们发展科学和民主是通过坎陷自觉实现的，这至少说明我们的文化层面并不低于人家，甚至可以说远在西方文化之上。更为重要的是，因为科学和民主是通过坎陷实现的，所以科学和民主必须接受道德的指导，那种完全不讲道德，由科学和民主任意发展的道路，绝对走不得。虽然这些内容牟宗三都讲到了，但由于缺乏一种方法的自觉，所以其表述总有含混不清之感。能否找到一种更为有效的方式将相关义理表述得更为明白，以便于读者能更好地理解，这是需要我们进一步努力的。

三系论是近代意义上中国哲学史研究中不可多得的重要成果，也是牟宗三卓然成为一位学术大家的学理标志。牟宗三从自己的学术立场出发，打破传统理学与心学两分的格局，将历史上原本不被人特别重视的五峰、蕺山立为一系，加上原本就有的象山、阳明以及伊川、朱子而成三系之说。这种做法之新在于两端：其一是将五峰、蕺山独立为一系，其二是将朱子判定为旁出。牟宗三划分三系，有两个基本标准：一是形著论，二是活动论。依据形著论将五峰、蕺山与象山、阳明区分开来，并以前者为上，后者为次。依据活动论将伊川、朱子与象山、阳明（包括五峰、蕺山）区分开来，批评其是道德他律，是别子为宗。三系论的划分之所以意义重大，是因为这牵涉到儒学历史发展中的两个非常重要的问题：如何保障良心本心的客观性，从而使心学不陷于重重流弊的问题；如何保障道德理性具有活动性，从而使理性自身就能实践的问题。出于这种考虑，我对三系论予以高度评价，认为这是牟宗三儒学思想之所以高于其他人的重要原因，充分体现出其观察之敏锐、思想之深刻，由此引出的问题必将长期讨论下去，不会因为短期情况的变化而失去意义。当然，这并不是说三系论就没有问题。如何评判形著和活动这两个标准，能否将克服心学流弊的希望寄托在天道、性体之上，能否说伊川、朱子就是旁出，涉及的理论问题很深，必须认真对待，而且三系划分之本身能否立得住、能否传得下去，也需要打上一个不小的问号。

我一直认为，牟宗三儒学思想有一个一以贯之的主脉，这就是他的存有论。早在20世纪三四十年代，牟宗三就已经有了这方面的意识，并有相当明确的表述。其后，《心体与性体》对此进行了系统的说明，使这一思想达到了很高的高度。在此之后，牟宗三发现了智的直觉问题的重要性，着手从这一角度对其相关思想进行新的解说，其标志性成果就是《智的直觉与中国哲学》《现象与物自身》。牟宗三认为，中国哲学不像西方哲学那样从"是"或"在"字入手分析物是如何存在的，由此讲出一套道理来，成为一种存有论。但中国哲学也有自己的存有论。中国哲学的存有论是就存在着的物而超越地明其所以存在之理，兴趣单在就一物之存在而明其如何有存在的道理。因为这种存有论的根据具有超越性，所以可以称之为"超越存有论"。更为重要的是，牟宗三主张，道德之心创生存有的思维方式属于智的直觉，其创生的过程不需要借助时空和范畴这些认识形式,完全是无执的,其创生的对象实为物自身,不像认知之心创生存有那样必须执着于现相。因为这种存有论的思维方式是智的直觉,智的直觉即为无执,所以这种存有论可以名为"无执存有论"。牟宗三的存有论明显来自其师熊十力的新唯识论,意在告诉人们,道德之心除了能够创生道德善行之外,同时也能够创生道德存有。熊十力之后,唐君毅和牟宗三都在这方面做出了努力,意义不可低估。当然,牟宗三的存有论也存在着一些疑点。比如,这种存有论虽然有其超越性,但其主体究竟是"仁心"还是"天心",究竟是"仁心无外"还是"天心无外"?又如,道德之心创生存有因为不是康德所说的认知,所以并不需要借助时空和范畴这些认识形式,但由此创生而成的那个对象是否就不再是现相,而是物自身?这些都是非常要紧的问题,亟待讨论。按照我的理解,从以智的直觉解说道德存有问题开始,由于对康德智的直觉理解有重大失误,牟宗三儒学思想便走向了另外一个方向,直至将其拖入深深的沼泽,难以脱身。

在以智的直觉为骨干对存有论进行解说之后,牟宗三又将相关思想扩大到其他领域。圆善论是一个明显的例子。牟宗三看到,儒学系统原本并不像康德那样关心所谓的圆善问题,但也不反对。现在既然康德已经提出了必须将福准确地配称于德,那么我们当然也需要对这个问题加以说明。为此,牟宗三提出了自己的看法,著成《圆善论》,其相关理论即为圆善论。牟宗三将德福一致问题引入儒家视野,大大促进了人们对这个问题的思考,这本身是有意义的。但其间也存在不少问题,其中一些问题至少在我看来还相当严重。牟宗三讲道德幸福主要从其存有论进入，意在强调，道德之心有创生存有的能力，在这种创生的影响下，不仅原本没有道德意义的山河大地、一草一木具有了道德的价值和意义，而且可以改变对成就道德过程中所付出的牺牲的看法，原先被视为的苦和罪变为成就道德的满足和愉悦，从而成为一种幸福。我对这种看法有很大的保留。在我看来，即便暂时接受牟宗三以存有论解说圆善问题的思路，由此而成的幸福也只能停留在精神层面，是一种精神幸福。这种精神幸福与康德提出圆善问题所要求的物质幸福性质完全不同，很难说以此能够解决康德意义的圆善问题，更别说"圆满而真实"地解决了。

合一论是牟宗三儒学思想的最后一个部分，但相关思想的起源却非常早。在写作《认识心之批判》的时候，牟宗三就有了这方面的想法，我将牟宗三此时的思想称为"早期圆成论"。后来，牟宗三翻译了康德的《判断力批判》，并撰写了《商榷：以合目的性之原则为审美判断力之超越的原则之疑窦与商榷》这一长文，一方面对康德美学思想进行系统的批评，另一方面也对自己的相关思想予以详尽的阐发。牟宗三这一阶段的思想被我称为"后期合一论"①。早期圆成论与后期合一论尽管相隔数十年，具体表述有不小变化，但思想旨趣却是一致的，都是要阐发一种与康德不同的审美主张，提出一种与康德不同的综合思想。牟宗三不同意康德以无目的的合目的性来讲审美，

---

① 由此可知，《贡献与终结》第五卷之名称"合一论"是一个泛称，既包括早期圆成论，又包括后期合一论。

认为依照儒家学理，本体是一个创生实体，既可以创造命题世界和道德世界，又可以欣趣自己的这些创造。这种一面创造一面欣趣自己的创造，就是美的判断。同样道理，牟宗三也不同意康德以判断力作为媒介来沟通理论理性与实践理性的做法，强调在儒家思想传统中，道德本体有直贯的能力，从实践理性开始，下贯至理论理性，真美善虽然各有其独立的意义，但从本体处看，同一事"即善即美"，同时也"即善即真"，真美善完全是彼此相即、浑然不分的，并不需要另外一个综合。牟宗三这一思想蕴含着极高的价值，告诉我们，康德美学思想并不是美学理论的唯一方式，以判断力沟通理论理性与实践理性的做法也不是唯一可行的方法，我们完全可以依据儒家思想建构自己的美学理论，将真美善打通为一。但是，同牟宗三儒学思想的其他部分一样，合一论也有着不少疑点，其中尤以后期合一论为甚。后期合一论的最大问题是受到存有论缺陷的影响，大谈"无相"以及"无相之美"，以此为基础实现"相即式合一"。虽然牟宗三对自己这套说法自视甚高，但如何理解他所说的"无相之美"，能否以"无相"作为"相即式合一"的理论基础，还问题多多，有待深入讨论。

坎陷论、三系论、存有论、圆善论、合一论，这五种不同的理论，若从时间上考察，可以分为三个不同时期，由此划分出牟宗三的早期思想、中期思想和后期思想。早期思想主要指《认识心之批判》和"外王三书"。这一时期主要是打基础，与时政联系得比较紧，主要关注如何在传统基础上开出科学和民主的问题。中期思想以《心体与性体》为代表。《心体与性体》

表面看来是重分三系，其实也涉及存有论，问题意识很强，理论意义很深，是牟宗三写得最好的作品，也是其卓然成一大家的立身之作。后期思想从《智的直觉与中国哲学》开始。《心体与性体》完成之后，牟宗三意识到了智的直觉问题的重要，撰写了《智的直觉与中国哲学》《现象与物自身》。这两部作品的一个共同点是，以智的直觉为核心对前期已有的存有论思想进行新的说明，特别强调儒家的存有是智的直觉的存有，是物自身的存有。这一观点对其后的思想，如圆善论和合一论，产生了极大的影响。可以这样说，《智的直觉与中国哲学》《现象与物自身》以智的直觉对存有论进行解说，是牟宗三儒学思想的一个转折点。这个转折点一方面将牟宗三思想的重心转向了另外一个方向，其理论层面大为提升，另一方面也将其深深拖入智的直觉的泥潭，大大干扰了人们对其思想的理解。

二、牟宗三儒学思想的理论贡献

牟宗三儒学思想做出了杰出的贡献，这是没有人能够否认的；但这些贡献具体表现在哪些方面，如何加以概括和表述，学界则有不同说法。我想与其事无巨细地一点一点排列，不如将眼光放宽一些，着重从熊十力与牟宗三的学脉关系着眼，看看牟宗三在哪些方面继承和发展了熊十力的思想，这样或许可以看得更清楚一些。

在我看来，牟宗三从熊十力那里继承下来的最为重要的东西，是秉持道德的传统，是坚守道德的理想主义。近代以来，在西方实证主义的影响下，人们批评儒学所强调的作为良心本心的道德本体没有办法真正证明，其价值必须予以重估。由此一来，道德本体就失去了应有的位置，佛老大行其道，存在主义甚为流行，人人都可以谈佛老，都可以谈存在主义，就是没有人愿意谈道德，敢于谈道德。牟宗三没有受这种风气的影响，逆行其道，始终高举道德理想主义的大旗，叮嘱人们不要忘记道德的意义。《从陆象山到刘蕺山》中有这样一段论述，很能说明问题：

> 世人多怕理学家。若非怕面对过恶，而又怕道德法则之拘束吾人之放纵，则理学家又何怕之有？世人又多喜谈佛老，又喜妄谈禅，又喜言存在主义，又喜戏论《易经》，而却厌谈《论》《孟》，厌理学，此其故盖可深思矣，盖亦无真正之道德意识而已。其喜言此等等盖只驰骋其理智兴趣与满足其浪漫情调。即于人生之负面亦然。若无真正之道德意识，虽多炫染之，有何益哉？
>
> 《从陆象山到刘蕺山》，第 538～539 页，8/436①

---

① 《贡献与终结》写作初期所用牟宗三著作均为单行本。《牟宗三先生全集》（台北：台湾联合报系文化基金会，联经出版事业有限公司，2003）出版后，为便于读者查阅《全集》本，重新根据《全集》本校对了引文，并加补了《全集》的出处。这里的"8"代表《全集》的卷数，"436"代表该卷的页码。《全集》本对单行本中的一些讹误做了订正，但也多出了一些新的疏漏（这方面的情况请参见《贡献与终结》第五卷附录之五"《牟宗三先生全集》编校之评估"）。凡遇这种情况，均根据单行本进行补正并加以注明。又，为节约篇幅，本书凡标示《牟宗三先生全集》的著作出处，都用文中夹注，其他则用脚注。全书出自牟宗三著作的引文，其所出著作之单行本的出版信息如下：《政道与治道》，台北：广文书局，1961；《从陆象山到刘蕺山》，台北：台湾学生书局，1979；《圆善论》，台北：台湾学生书局，1985；《智的直觉与中国哲学》，台北：台湾商务印书馆，1971；

牟宗三对当时的社会现状提出了尖锐的批评。人们多喜欢谈佛学，谈老庄，谈存在主义，唯独怕谈理学，其源头就在于没有道德意识或道德意识薄弱。如此谈来谈去，只能使人生逐级下降，于人生又有何益？将牟宗三这一论述与当时轻议道德的各种言论进行比较，高下立判。牟宗三的著作之所以能打动人心，吸引读者，道理也在这里。在接触现代新儒家著作的过程中，一开始我并没有特别的偏好，各门各家都读，但读来读去，最让我心仪的还是牟宗三的著作。为什么会这样？想来想去，有一原因是跑不了的，这就是读牟宗三的著作可以有一种心灵的感动、生命的沟通、精神的超升，一句话，牟宗三的著作里有一个道德的真人。如果有人问我研究牟宗三最大的体会是什么，那么我会毫不犹豫地说，是牟宗三让我懂得了道德的理想主义，懂得了道德对于一个健全人格之不可或缺，懂得了无论在任何情况下都必须坚守道德的重要性，这些是其他学派的思想家很难明白告诉我的。据我观察，与我有类似体会的人，在大陆学术圈中大有人在；否则，就没有办法解释牟宗三研究为什么能如此大行其道了。

秉持道德的传统，坚守道德的理想主义，不仅表现在个人成德方面，更体现在如何看待科学和民主，如何处理好科学和

（续前）《现象与物自身》，台北：台湾学生书局，1975；《康德〈判断力之批判〉》（上、下），台北：台湾学生书局，1992，1993；《认识心之批判》（上、下），香港：友联出版社，1956，1957。需要特别加以说明的是，《牟宗三先生全集》中的一些用语不符合大陆通行的标准，如将"综合"写作"综和"、"伸展"写作"申展"、"妥帖"写作"妥贴"、"现象学"写作"现相学"等，并且一些标点符号的用法也不规范。为了尊重历史，尊重原著，本书一律不加改动。

民主与道德的关系方面。自西方文化大举入侵以来，中国文化面临的最大问题就是如何面对这些挑战。对此，大致有两种不同的态度：激进主义者主张全盘西化，保守主义者主张维护传统。激进主义者大半有过国外求学的经验。他们崇拜西方的文化，不相信自己的文化，认为只有把中国原有的东西统统扔掉，一切向西方学习，中国才有希望。马克思主义者原则上也可以被归入其列，只不过其情况较为特殊而已，因为他们的西方不是一般的西方，而是特殊的西方。保守主义者则大多对中国文化有深厚的了解。他们在将自己所了解的中国文化与传入的西方文化进行比对之后，强烈感受到，中国文化有自己的特殊性，这种特殊性决定了中国文化与西方文化有原则性的不同。中国文化在近代虽然落后了，挨了人家的打，被人家欺负了，但却并不是一无是处；恰恰相反，中国文化有着很高的价值，这些价值是西方有所欠缺的，是西方需要向我们学习的。这其中的一项重要内容就是中国文化特别关注道德问题，以道德为基础，将道德不仅作为人生的命脉，而且视为治理国家的重要途径。梁漱溟、熊十力对此有精辟的论述，他们都属于保守主义阵营。牟宗三作为熊十力的弟子，明显受到其师的影响。他一方面主张积极学习西方的先进经验，争取在中国传统基础上开出科学和民主；另一方面又始终坚持必须保持中国文化重视道德的传统，不能将自己的传统完全视为糟粕。这一思想特别突出地表现在坎陷论方面。"坎陷"概念的一个基本含义是向下发展，即所谓"下降凝聚"。人们往往在民主"该不该开""能不能开"等问题上纠缠，而没有注意到坎陷还有另外一层意思，这就是"让开一步"。这种"让开一步"大有深意，它不是一般的让开，不是让开身段之后就不再管事了，而是还肩负着以道德对科学和民主进行监督与指导的重大责任。因此，坎陷的"让开一步"在逻辑上必然包含着"摄智归仁"。坎陷必须"摄智归仁"的思想告诉我们这样一个道理：科学和民主都不是最高层面的东西，都必须接受道德的监督与指导。没有道德的科学可以给社会带来方便，但也可能使世界走向灭亡；没有道德的民主可以一时有效，但也可能成为祸国殃民、使国家走上灾难之途的工具。现在能够看到科学之负面作用的人越来越多了，但能够看清民主之负面作用的人还不太多（这种情况近来已经出现好转的迹象）。"民主虽然不是最理想的方式，但却是当前最合理的方式"——人们往往习惯于这样说，由此跟着西方近代政治思想的路线走，强调道德与政治的分离，否则就是落后，就是跟不上形势。但问题在于，这种"当前的"最合理并不是"理论的"最合理。如果仅仅满足于此，不去努力寻找其他方法，停留在人云亦云的立场，那么就不可能真正找到"理论的"最合理，"理论的"最合理就不可能出现。与这些做法相比，牟宗三的做法显然高出一筹。他坚持道德理想主义的立场，一方面不拒绝民主，另一方面又不排斥自己的道德传统，希望以我们的传统弥补西方民主政治之失。不管牟宗三的坎陷论有多少具体问题需要探讨，仅凭在西风烈日的情况下仍能高举道德理想主义的大旗，使其不倒不灭，希望以此提供一种既不完全同于中国传统，又与当前西方政治现状不完全相同的更为合理的政治模式，就表现出一个一流哲学家必须具备的清晰头脑和前瞻力量,足以在中国哲学史上占有一席之地。

在秉持道德传统、坚守道德理想主义的同时,牟宗三对熊十力学术思想也多有继承和发展。这首先表现在对于儒家心学、学理有深入开拓这一方面。儒家心学由孔子之仁、孟子之良心引申而来,其思想最重要的特点,用后来的词语表述,就是重视道德本体。熊十力的思想很好地表现了这个特点,其"吾学贵在见体"的自我评价,说的就是这个道理。牟宗三的思想是顺着这一思路来的,并将其推向一个高峰。但凡读牟宗三著作的人都会感受到他对道德本体的重视。为了凸显道德本体的重要,在《心体与性体》中,他创造了性体、心体、仁体、诚体、神体、易体、中体、敬体、直体、忠体、义体、知体、奥体、真体、觉体、寂体、密体、妙体等近二十来种说法。其之所以会有这么多种不同的说法,是因为道德本体具有复杂性,相对于不同的角度,会有不同的表现。比如,性体是就天道而说,由天而禀赋于人的那些特质和内容,就是个人之性体,其特点是具有客观性,为"纲纪之主"。心体是就人的良心本心而说,因为良心本心是内在于人的,其特点是具有主观性,为"主观之主"。仁体同样是就人的道德本心而说,心的真正内容是仁,所以仁也是体。诚体的"诚"字原本指真实无妄,被用来形容生物不测的天道,天道因此也常以诚来代替,这样诚本身也就成了体,被称为诚体。神体是说神化之神,就体而说的神即为神体,着重强调本体具有"即存有即活动"的特性。易体与神体的意义相近,也是通于寂感真几,天行之健,创生不息之实体,此时的易也是体。中体的内涵较为复杂。"喜怒哀乐之未发谓之中",但《中庸》此句既可指于喜怒哀乐未发之时或之前,异质地指目一个超越实体为中,又可指以平静的实然心境自身为中。牟宗三根据一本说,取其前者而非后者,特指一个超越实体为中,这就是中体。其他说法虽有细微不同,但主旨不变。不从重视道德本体的角度,就没有办法理解牟宗三何以会有如此众多不同的说法。

牟宗三讲道德本体,一个显著的特色是,强调对道德本体的认知是一种直觉。心学的基础是良心本心。但如何得到良心本心,良心本心的思维方式是怎样的,则是一个非常复杂的理论问题,并非人人都能掌握。在这方面,牟宗三听熊十力"讲呈现"是一个重要契机。呈现问题之所以重要,是因为它涉及儒家心学思维方式的特殊性。孔子创立仁学的时候,就已经有了"为仁由己"的思想。之后,孟子建立性善论,更加强调,能不能得到良心本心,关键在于能否"反求诸己"。良心本心遇事必然表现自己,人们只要眼光内收,就可以得到自己的良心本心;反之,如果眼光向外,或只关注逻辑问题、知识问题,就不容易得到。历史上,象山所谓"读《孟子》自得之",阳明感叹"吾性自足",都与这个问题有关。牟宗三受熊十力教诲,懂得了这个道理,接续上了这个血脉。从此之后,"良知是真实,是当下呈现"这样的话头,才得以在学界广为流传,使后人知道良知不是假设,而是真实,可以呈现。我自己就是一个受益者。二十多年前,我刚看到"当下呈现"这则材料时,非常好奇,因为这个问题以前从来没有想过,完全打破了旧有的思想范式。但究竟什么是"当下呈现",当时并没有真正理解,也说不清楚。只是过了好长一段时间,通过生命体验,真的感受到自己体内的那个活泼有力的良心本心之后,才懂得了其中的道理。我一再讲,我明白儒学的道理,踏进儒家的门槛,实始于听牟宗三讲"当下呈现"。牟宗三在这方面有恩于我,是断断不可否认的。牟宗三讲呈现,不仅接续上儒家心学的血脉,更是将这个问题上升到一个新的理论高度。在他看来,因为良知是呈现,对良心的体认靠语言没有办法讲清楚,靠逻辑也无法证明,所以是一种直觉。这种直觉不是感性的,而是康德所说的智的直觉。以此为基础,牟宗三进一步将儒家思想与康德哲学进行比较,认为康德只承认人的有限性,不承认人的无限性,境界还不够高。儒家不仅承认人是有限的,同时也承认人具有无限性,走出了与康德不同的道路,体现了儒家特有的智慧。经过牟宗三的努力,儒家心学思维方式的特点已上升到现今哲学的最高层面,重新引起人们的关注。牟宗三在这方面做出的巨大贡献,尚无他人可以比肩。

良知当下呈现,人可以对道德本体有智的直觉,不光是思维方式的问题,更牵涉道德理论是否有兴发力、活动性的问题。良知当下呈现不是说空话,同时还会发布标准,颁布命令,告诉行为者什么是对、什么是错,对的就当行、错的就当止,给人巨大的力量。牟宗三创立"即存有即活动"与"只存有不活动"这对概念,判朱子为旁出,就是为了表达这个思想。牟宗三的这种做法从表面看只是一个如何判教的问题,但实际意义则要大出许多。因为它向我们提出了这样一个问题:一种道德学说如何才能使自己有活动性?换用康德的表达方式，理性如何才能使其本身成为实践的？如果一种道德理论本身没有活动性，那么它就不可能保证行为者自觉去实践；如果一种道德理论不能保证行为者自觉去实践，那么这种理论就成了"死理"，失去了自身的价值。往深处看，牟宗三提出的这个问题，与休谟伦理难题有一比。在西方哲学史上休谟曾提出过类似的问题。面对当时何者为道德根据的激烈争论，休谟主张，道德并非决定于理性，因为理性"完全没有主动力"，道德的根据只能是情感。由此，他提出了著名的休谟伦理难题，即"是"与"应该"的矛盾问题。在他看来，事实判断和道德判断是两类完全不同的判断。事实判断的系词为"是"与"不是"，道德判断的系词为"应该"与"不应该"。这样一来，"是"如何过渡到"应该"的问题，就需要认真研究。从我接触到的材料看，牟宗三并没有明确提到休谟伦理难题，但他提出的理论是否有活动性的话题，却与休谟的伦理难题具有惊人的相似之处。正是在这个意义上，我将牟宗三关于道德理论是否具有活动性的问题视为休谟伦理难题的中国版。休谟难题自提出之后，不断有人试图加以解决，但总的结果并不令人满意。牟宗三在研究儒家心性之学的过程中，实际上也为此提供了自己解决问题的方案，其间蕴含的意义当然就不容低估了。

牟宗三尽管非常重视心学关于道德本体的思想，但对于心学可能产生的问题，也有很强的警觉。心学的最大特点是简约，强调遇事向内自省，反躬而求。这种学理有很强的意义，因为遇事一旦反求诸己，得到良心本心的命令并循之去做，就可以成就道德。但心学的这种思维方式也容易走向反面。良心本心是内在于己的，把握起来说容易也容易，说艰难也艰难。良心本心遇事必然当下呈现，想遏制也遏制不住，只要不受利欲的引诱，自然可以达成善行，这是其容易的一面。但良心本心的呈现是一种直觉，能否把握全在个人体悟，而这种体悟并不可言说。如果体悟不到，不懂装懂，那就容易出问题。即使能够体悟，但如果说得太高太玄，远离生活日用，同样容易走偏方向。明代中后期，心学的这些缺点充分暴露出来：有所悟者常将其所悟张扬夸耀，把良心本心说得玄而又玄，"超洁者荡之以玄虚"，由此构成心学一大弊端；无所悟者迫于心学日盛的精神压力，不得不附庸风雅，暗地里贩卖私家勾当，"猖狂者参之以情识"，由此构成心学的另一大弊端。蕺山迫于问题的严重性，自觉承担起救治之责，一方面区分意与念，另一方面划分心与性，希望以意的力量对念加以对治，以性宗的力量对心宗加以限制，使其不至于泛滥而无收煞。牟宗三将五峰、蕺山独立为一系，遵循的便是蕺山的这一思路。为此，他特别彰显天道、性体的客观意义，希望以此来保障心体的客观性，杜绝心学走向流弊，解决历史留下的这个大问题。不管这种做法的实际效果如何，有多少问题需要讨论，仅就这种"接着"蕺山讲的问题意识而言，其本身就切入了儒家心学的软肋，大大超出了那些单纯维护心学传统而视其流弊于不顾的人的视野。牟宗三在这方面的努力，同样应该予以积极肯定。

牟宗三学术思想的贡献，还表现为对于新唯识论有进一步的推进。熊十力新唯识论对牟宗三的影响十分明显。《圆善论》中的一段文字可为佐证：

> 故于彼两系统中言德福一致，德实非真正道德意义之德也。在道家只是玄德，在佛家只是清净德。此只是消极意义的德，非正物、润物、生物之积极意义的道德创造之德。故仍非大中至正保住道德实践之真正圆教，实只是解脱之圆教。熊先生总不满意于佛教而与居士和尚辩，千言万语总在昭显此意，其所争者总在此创生性也。然而习于佛教者，既无真正之道德意识，亦不能真切于儒圣之的意，只为佛教之圆融义所吸住而不能详察其所以，好为通泛之言，如佛家世出世间打成一片，菩萨亦能繁兴大用等等，实则此皆不相干者，徒环绕此而争辩有何益哉？其真①如空性并非实体字，乃甚显然也。
>
> 《圆善论》，第327页，22/318

要区分两种不同的德，一是消极意义的德，一是积极意义的德。道家和佛家为消极意义的德，因为它们只讲玄德、清净德。儒家为积极意义的德，因为儒家讲道德的创造、道德的创生。熊十力对佛教有所不满而不断与人争论，焦点即在这个创生性上。牟宗三对其师的这一思想体悟很深，反复提出这样一个问题：道德之心除了能够产生道德善行之外，能否对自然界的宇宙万物施加影响，将自己的价值意义赋予其上？他的答案是肯定的。在他看来，道德之心具有绝对普遍性，一定要将自己的力量伸展出去，涵盖乾坤而后已。为了清楚地表达这一思想，牟宗三常以"朗照""润泽""呈现"言之。道德之心有一

---

① 《全集》本作"实"，误，据单行本改为"真"。

种力量，可以赋予宇宙万物道德的价值与意义，将宇宙万物包容在自己的视野之下。这种赋予、包容，就是"朗照""润泽"。"朗照""润泽"之所以可能，是因为道德之心始终在"呈现"中。牟宗三还将这一思想与西方的存有论进行比较。存有论原本是西方哲学中的一种理论，是一门关于"存有（在）之为存有（在）"(being as being)的学问。西方的存有论从动词"是"或"在"（being）进入。Being既指一物之所"是"，又指一物之所"在"。一物是如何存在的，有什么具体特性，必须通过being来表示。如此说来，按照西方的哲学系统，凡是分析物如何存在，有什么样相特征，由此讲出一套道理来，以知一物之何所"是"或何所"在"，即为存有论。中国语言中没有一个与being相应的动词系统，所以不从这个角度讨论问题，但中国哲学特别是儒学也有自己的存有论系统。要了解儒学的存有论，必须从道德之心的特性讲起。道德之心有绝对的普遍性，有涵盖乾坤的特性，这种涵盖乾坤就是使宇宙万物能生长，有存在，就是创造一种存有。这样，牟宗三就将熊十力的新唯识论提升到存有论的高度，大大加强了其师这一思想的理论含量。

牟宗三对熊十力新唯识论的发展，更表现在他建构的两层存有论方面。两层存有论的思想在《现象与物自身》中已有明确表述。在牟宗三看来，康德只承认人的有限性，不承认人的无限性，但在儒家传统中，人"虽有限而可无限"，因此可以开出两个不同层面的存有：由有限性开出现相界的存有论，又称"执的存有论"；由无限性开出本体界的存有论，又称"无执的存有论"。完整的理论形态当有两层存有论：一是相对于现相而言的现相界的存有论，一是相对于物自身而言的本体界的存有论。后来，牟宗三进一步借鉴《大乘起信论》"一心开二门"的理论格局阐发这一思想，正式提出两层存有论的思想。他强调，人心应有两种功能：一是认知，与此相关的为认知之心；一是道德，与此相关的为道德之心。认知之心和道德之心虽有不同，但都可以创生存有。认知之心创生的是认知的存有，道德之心创生的是道德的存有。西方重认知，所以认知的存有在西方特别发达。中国重道德，所以道德的存有在中国特别有力。更为重要的是，认知之心的思维方式不属于智的直觉，只能创生现相的存有，道德之心的思维方式是智的直觉，其所创生的便是物自身的存有。不管是现相的存有，还是物自身的存有，都属于存有，而这两种存有都可以被纳入"一心开二门"的理论格局之下。这样就打破了西方只有一层存有即现相存有的局限，将存有论大大向前推进了一步。正因如此，牟宗三晚年对两层存有论非常看重，反复强调其来之不易与意义非凡。

两层存有论对牟宗三影响很大，其后的很多研究均建立在这个基础之上。圆善问题即是如此。德福一致或德福圆融，在康德那里叫作"圆善"。牟宗三认为，儒学虽然未正式将此作为一个理论问题提出来，但孟子天爵人爵的论述也牵涉到这个问题。既然康德正式提出这个问题，要求将福准确地配称于德，那么我们也不得不予以认真考虑，提交自己的答案。当然，牟宗三不同意康德设定上帝来保障圆善的做法。他认为，在康德那里，上帝只是一种信念，我们从信仰的角度可以相信它，但没有权利确定其现实可能性，更没有权利将其实体化、人格化，由它来保障德福之间的一致。康德思想有诸多不顺畅，难以令人信服，皆因于此。儒家传统没有康德意义的上帝，但通过"诡谲的即"和"纵贯纵讲"这两个步骤同样可以解决德福一致问题，其间的道理值得深思。牟宗三将康德的圆善思想引入儒家的视野，促进了人们对这个问题的思考，这是非常有意义的。另外，牟宗三很早就关注康德真美善的关系问题了，在20世纪40年代完成的《认识心之批判》中对此已有详细的论述，并提出了自己的观点。按照牟宗三的理解，本体是一个创生的实体，既可以创造命题世界，又可以创造道德世界。就本体而言，命题世界和道德世界完全融贯为一。有了这种融贯为一，就不需要如康德那样以审美来沟通理论理性和实践理性了。数十年后，他译完《判断力批判》之后撰写《商榷》长文，重新对这个问题进行了说明。在他看来，在儒家思想传统中，道德本体有"直贯"的能力，可以由实践理性直接下贯至理论理性，将两个不同的领域贯通起来。真美善从分别的角度看各有独立的意义，均是由"平地"推出来的"土堆"，但从本体的角度看，则都属于"平地"，都可以做到"无相"。通过"无相"，同一事"即善即美"，同时也"即善即真"，总之"即善即美即真"。这种彼此相即，就是一种新式的合一，即所谓"相即式合一"。

由此不难得知，牟宗三儒学思想的理论贡献有着清晰可辨的逻辑关系。牟宗三儒学思想之所以有重大贡献，首先是因为他坚守道德理想主义的立场。没有这个立场，继承、弘扬儒学便无从谈起。但光有这个立场还不行，还必须在学理上有所创新。牟宗三能够在历史上占有重要地位，一是因为对儒家心学义理有深入的拓展，二是因为他在存有论方面有进一步的推进。这是两个重要的方面。没有这两个方面，牟宗三的儒学思想不可能挺立起来，立于学术之林，成为现代新儒学的重要代表人物。特别令人寻味的是，所有这些又都离不开熊十力的影响：从听熊十力"狮子吼"，牟宗三懂得了人格的力量、道德的力量，从而坚持道德理想主义的立场；从听熊十力"讲呈现"，牟宗三明白了道德本心不是死物，不仅遇事定会颁布命令，告诉我们怎样去做，以成就道德善行，而且必然对宇宙万物发生影响，将自己的价值和意义赋予其上，创生道德存有。师承之重要，由此可见一斑。

三、牟宗三儒学思想的方法终结

牟宗三虽然做出了重要贡献，但同任何一个重要哲学家一样，其思想也有缺陷。《贡献与终结》各卷分别从不同方面对这些缺陷进行了分析。这里需要着重强调的是这些缺陷与其方法之不足的内在关联。换言之，牟宗三儒学思想的缺陷在很大程度上源于其方法的不足。不从方法的高度，很难真正从整体上看透这些缺陷。这是我从事牟宗三研究特别重视方法问题的根本原因。

说到牟宗三儒学思想方法的不足，首先要提到他对良心本心的认识过于陈旧。前面讲过,牟宗三对良心本心有深切的体悟和简洁的阐发,特别是他所记述的熊十力关于当下呈现的论述,堪称20世纪儒学发展史的经典案例,对后人产生了深远的影响。但同时也必须看到,他的思维方式仍然是传统的。良心本心是儒家心学的立论根基,历史上儒学家们无不强调其重要性。孟子如此,象山如此,阳明如此,牟宗三也是如此。在这一点上,牟宗三并没有超越前人。检查牟宗三的相关论述,他只强调良心本心是大根大本、非常重要,教导人们必须按照它的要求去做等等,而未能对其做出深入的理论探讨,有一个学理上的交代,不明白良心本心的真正来源和真实性质。我对牟宗三儒学思想有所不满,就是从这里开始的。在我看来,按照古人的说法,纵然可以体会良心本心作为道德本体的重要,但一些深层次的理论问题,比如良心有无时间性、有无空间性、是不是可变的等,并没有办法得以解决。因此,这些年来我将这个问题的思考分为"何为良心""何谓良心"两个层面进行。第一步是"何为良心"。这是指首先要通过生命体验体悟到良心的存在,明白自己有良心,不能只将其视为文字上的符号或理论上的共相。第二步是"何谓良心"。这是进一步要求在理论上说明良心究竟为何物,不再满足于只说其如何重要。根据我这些年的研究,人之所以有良心,有两个必不可少的原因:第一,来自人作为一种生物的先天禀赋,这种情况我叫作"人性中的自然生长倾向";第二,来自社会生活的影响和智性思维的内化,这种情况我称为"伦理心境"。"人性中的自然生长倾向"是"伦理心境"的基础;没有这个基础,"伦理心境"便没有一个附着之地,也无法说明"伦理心境"何以会对人有那么大的吸引力。"伦理心境"是"人性中的自然生长倾向"的进一步发展;没有这进一步的发展,人就不能与一般的动物相分离。"人性中的自然生长倾向"属于人的自然属性,"伦理心境"则属于人的社会属性。"人性中的自然生长倾向"是先天的,"伦理心境"则是后天的,但同时又具有先在性。从这两个方面说明"何谓良心"成了我整个儒学研究的基石。我承认,我的这种努力还只是初步的,还有很多不够圆满的地方,而且我也从来不保证我的这种诠释是唯一合理的;但可以聊以自慰的是,我的这种努力至少没有局限于传统的说法,而是希望努力再往前走一步,并以此解决历史上那些传统方法无法解决的若干重大理论问题。

对良心本心的认识过于陈旧,极大地限制了牟宗三对一些重要问题的解决力度。如何克服心学流弊,就很能说明问题。心学发展到明代末期,弊端渐渐显露出来。猖狂者、超洁者,表现虽有不同,但都背离了心学的真精神,流向弊端难以收拾。牟宗三看到了这个问题的严重性,努力想办法加以解决。但他解决问题的方法仍然是传统的。他认为,心学发展到后来走向弊端,根本原因在于心学的根基是心体。心体是主观的,纯任这种主观的心体发展,自然难以控制,从而走向弊端。为了防止发生这种情况,必须为心体增加客观性。他看到,在儒家传统中,蕺山在这方面的努力很有意义。蕺山为克服心学流弊,区分了心宗和性宗。心宗是主观的,性宗是客观的。心宗是良心本心,是"主观之主";性宗是天道性体,是"客观之主"。一旦心宗出现流弊,就需要请出性宗帮忙。由于性宗是客观性原则,有此作为保障,心宗就可以不再流向弊端了。牟宗三的这一思想显然是顺着蕺山讲的。蕺山之学在明末克服心学流弊方面确实有其贡献,但这种办法只能治表而不能治里。如果能够按照我的方法诠释心学,那么我们就会知道良心本心主要源于社会生活的影响和智性思维的内化,虽然历史上总是将良心本心与上天联系在一起,但天道性体并不是客观性的真正代表。在心学走向流弊的情况下,请出天道性体不可能从根本上解决问题。蕺山在明末那样做尚可理解,亦有其功绩。然而,三百年之后,牟宗三仍然沿用这一思路来对治这个问题,其思维方式就显得过于落伍了,其客观效果如何,当然也就值得怀疑了。

对良心本心的认识过于陈旧,对牟宗三最大的影响尚不在这里,而在于决定其儒学思想从整体上说仍然是一种两分方法。所谓两分方法,简单说就是一种将人分为感性与理性两个部分的方法。西方哲学在认知领域虽然也有其他模式,但在道德领域流行的则一般都是这种方法。在两分的架构下,感性是导致人们走向恶的力量,理性是引导人们走向善的力量;人们的任务就是运用理性的力量,制约恶,走向善。但这种方法并不完全适合儒学。我在研究孟子性善论的过程中发现了一种新的方法,将之称为"三分方法"。所谓三分方法,是一种将人的道德结构横向划分为欲性、仁性、智性三个部分的方法。在我看来,自孔子创立儒学开始,儒学讲道德就没有把人简单地划分为感性、理性两个部分,实际上坚持的是欲性、仁性、智性三分的格局。欲性的作用是负责人的物质生存，仁性的作用是听从良心本心的指令，智性的作用是发挥学习和认知的功能。虽然在这个过程中，也有孟子与荀子之争、心学与理学之争，但在孔子那里，这三个部分齐备不欠。近代以来，由于西方哲学的传入，两分方法作为一种思维模式进入人们的视野，人们开始不自觉地运用这种方法看待儒学、研究儒学，视其为理之当然，而未能对其加以反思，从而在研究中遇到了很多困难。牟宗三在儒家心性之学研究中存在的诸多缺陷，均与此有或紧或疏的关联。

比如，牟宗三不恰当地判定伊川、朱子为旁出，就是这样造成的。牟宗三一方面看到良心本心非常重要，另一方面在潜意识里又受到西方感性与理性两分的影响，不自觉地认为，道德根据只有一个，这就是良心本心。象山、阳明重良心本心，讲良心本心亲切入里，故为正宗。伊川、朱子虽然也讲良心本心，但其讲法有缺陷、不到位，思想的重点置于《大学》之上，以格物致知来讲道德，故为旁出。这种做法明显存在不足。从孔子创立儒学的那一刻起，儒学就没有感性与理性两分的思想方式，而是实际上将人的道德结构分为欲性、仁性、智性三个部分。在这三个部分中，仁性和智性都是道德的根据，相互补充，并不相互排斥，不能划分正宗与旁出。儒学历史上心学理学之争尽管非常热闹，但都可以在孔子学理中找到根据，都有自己的合理性。象山、阳明来源于孔子的仁性，伊川、朱子来源于孔子的智性。如果说伊川、朱子不合孔子的仁性是旁出的话，那么象山、阳明同样不合于孔子的智性，也未必不是旁出。牟宗三没有看到这一层，强行划分正宗与旁出，表面看界限分明、立意超拔，其实是以心学而不是以完整的孔子思想为标准的，而其思想基础恰恰就是十分陈旧的两分方法。

又如，牟宗三无法真正说明理论何以具有活动性，也属于这种情况。牟宗三判定朱子为旁出，一个重要理由是批评朱子是道德他律。牟宗三这样做，是因为在他看来，朱子一系不以良心本心讲道德，其学理来自《大学》，是以知识讲道德。凡以知识讲道德即为道德他律，朱子以格物致知讲道德，所以朱子为道德他律。我的研究证明，牟宗三在这个过程中有一个重要的疏忽，他真正要表达的意思是嫌朱子的道德不具有活动性，道德他律只是其为朱子误戴的一顶帽子罢了。不仅如此，在此过程中，牟宗三也没有真正说明一种理论如何才能具有活动性，而只是说在一种道德理论中必须有"心"义，这个"心"就是孟子意义的道德本心。有了道德本心，理论就有了神义，有了兴发力，有了活动性，不至于沦为"死理"。如前面所说，虽然这是一个非常重要的理论，但遗憾的是，牟宗三并没有再往前走一步，未能从理论上将这个问题真正说清楚。如果有了三分方法，这个问题就比较好说了。按照三分方法，道德结构由欲性、仁性、智性三个部分构成。欲性和智性居于两端，仁性在其中间，负责传递信息，是欲性和智性之间的桥梁。由于有了这个中间环节，凡是智性认识为正确的，仁性便会发出一种力量迫使人们必须去做；凡是智性认识为不正确的，仁性便会发出一种力量迫使人们必须去止。一旦听从了仁性的命令，就会得到内心的满足，体验到道德的快乐。儒家学说系统中并不存在休谟伦理难题，最深厚的理论基础即在于此。换言之，儒家道德学说是三分的，西方道德哲学一般是两分的。在儒家三分系统中，欲性和智性分别大致相当于西方道德哲学中的感性和理性。儒家思想的可贵之处是，从孔子开始便特别重视仁，强调仁性的重要，多了仁性这个因素。牟宗三创立的"即存有即活动"这一概念虽然非常重要，有极高的价值，但其理论意义却始终隐而不彰，重要原因之一就在于，其没有从这个角度看问题，其方法总体上说仍然是两分的。

再如，牟宗三在情感问题上遇到麻烦，同样与此有关。在将朱子判定为道德他律的过程中，牟宗三不得不处理道德情感问题。在康德看来，道德情感虽然不同于经验情感，本身有很强的意义，但却没有普遍性。为了坚持道德的纯粹性，必须将其排除在外。在这个问题上，儒学与康德哲学有着明显的不同。儒学尽管同样坚持道德的纯粹性，但却并不反对道德情感，认为人们对道德法则的敬重是非常自然的，正是由于这种敬重，人们才愿意成就道德。更为重要的是，一旦成就了道德，必然就有内心的满足，产生内心的愉悦，这完全是理之常情。牟宗三看到了这个问题的复杂性，希望以"上下其讲"的办法加以解决。他认为，情感可以上讲，也可以下讲。上讲可以提升至道德高度，下讲则降到幸福原则。幸福原则的情感是不能要的，道德高度的情感则不能不要。尽管牟宗三做出了很大的努力，但他的做法并不能从根本上解决问题。因为不管怎样解释，在康德那里道德自律必须排除情感，但儒学反而对道德情感大加赞扬。二者完全不同。这种困难局面之所以出现，从根源处分析，还在于两分方法的不足。在康德那里，只有理性才能成为道德的根据，而理性必须是普遍的，道德情感只具有具体性，不具有普遍性，所以必须被排除在外。而依据儒家的三分格局，并不这样看问题。儒家既讲仁性又讲智性。仁性是良心本心，是"伦理心境"，有丰富的情感性，所以一定要讲情感。智性是学习和认知，为了保障学习和认知的客观性，则不能讲情感。要从根本上克服在道德情感问题上遇到的麻烦，简单说一个"上下其讲"并不足以为用。这不是一个能否在道德原则中加入情感的简单问题，而是能否充分认识儒家心学与康德道德哲学之区别的问题，是能否充分把握儒家道德学说之三分格局的问题，否则这个"加法"做得再彻底，也还是不能将儒学与康德哲学区分开来，从根本上彰显儒家道德学说的特性。

最后，牟宗三早期建构的坎陷论很难被人们真正理解，也属于这种情况。为了适应时代的需要，牟宗三需要解决如何以传统为基础开出科学和民主的问题。他想到的办法就是"良知坎陷"。虽然他在这方面有很多论述和说明，但学界往往并不能真正明白这一思想的确切含义，以至于相关争论一直不断。坎陷论遇到如此困难，一是因为牟宗三不正确地将这一思想置于黑格尔的学理背景之下，以绝对精神的辩证发展来说明坎陷，但坎陷与绝对精神并不是同一个问题，所以读者难免产生疑惑。二是因为牟宗三尽管也曾将这一思想放在康德的学理背景下解释，以实践理性与理论理性的关系进行说明，但这种说明并不特别清楚，着笔也不是特别多。如果有了三分方法，这个问题就好理解了。如上所说，三分方法是我研究儒学的一种基本方法，这种方法其实并不仅仅限于道德结构。在研究坎陷论的过程中，我对三分方法有一个重要的推进。在我看来，人除了道德之外，还有认知，还有审美。道德有其结构，认知和审美同样有其结构。与道德结构一样，认知结构和审美结构都有类似三分的情况。道德结构、认知结构、审美结构并非杂乱无序，而是一个有机整体。我将这个有机整体称为"生命层级构成"。生命层级构成有自下而上的三个层面，分别是体欲、认知、道德。不仅如此，如果将观察视角进一步扩大，那么不难发现，社会同样包括体欲、认知、道德三个层面。将社会范围内这三个层面综合为一个有机整体，可以称之为"社会层级构成"。这样一来，三分方法的适用范围就有了很大的扩展。之前的三分方法是单一的，只限于道德结构，现在则不仅被扩展到认知结构、审美结构，而且被扩展到生命范围、社会范围。我将这种扩展的三分方法叫作"多重三分方法"。依据这种方法，坎陷论所要表达的意思就不难理解了：我们文化的特点是道德发达，认知不发达，西方文化则相反，是认知发达，道德不发达（这只是相对于我们而言的，准确表述当为不如我们重视，或不如我们发达）；科学和民主均与认知相关，在新的历史条件下要开出科学和民主，补上这一课，当然就必须"让开一步"，放下身段，不能再固守自己的优势，而是发展自己不擅长的东西；认知在道德层面之下，要发展科学和民主，就必须"下降凝聚"，主动向下发展，而不是向上发展；科学和民主固然重要，但不能完全脱离道德的指导，否则就一定会出大乱子，所以坎陷还必须再讲一个"摄智归仁"，将认知始终纳入道德的指导之下。其实，这些内容牟宗三在论坎陷时都讲过，只是因为没有"多重三分方法"，所以表述有欠清晰，至少是没有清晰到可以让读者明确理解的程度。如果有了这种新方法，能够从这个角度建构和解说坎陷论，这些困扰想必一定会大为减少的。

牟宗三儒学思想方法的不足，不仅表现在对于良心本心认知的陈旧，以及由此导致的两分方法，更表现在智的直觉问题上。牟宗三早、中期即已涉及智的直觉问题，但重视程度不够，直到写作《心体与性体》仍然如此。他自己讲过，《心体与性体》的一个重要不足就是未能充分重视智的直觉问题。为了做出弥补，他开始写作《智的直觉与中国哲学》，正式从康德哲学进入，大谈智的直觉。在他看来，西方哲学不承认人的无限性，不承认人可以有智的直觉，所以只能执于现相，是一种"执的存有论"；中国哲学承认人的无限性，承认人可以有智的直觉，所以可以直达物自身，是一种"无执的存有论"。由此出发，牟宗三对康德物自身的概念进行了自己的诠释，强调物自身不是其他东西，而只是智的直觉的对象；物自身并不是一个事实的概念，而是一个价值意味的概念。康德不认为人类可以有智的直觉，所以物自身只有消极的意义，没有积极的意义。但康德毕竟还是肯定了智的直觉，只不过把这种能力完全归给了上帝而已。与康德不同，中国哲学承认人可以有智的直觉，智的直觉所面对的不再是现相，而是物自身。智的直觉源于自由无限心,自由无限心与道德相关,包含着价值意义,所以物自身是一个价值意味的概念,而不是一个事实的概念。

以智的直觉论物自身的存在,是牟宗三晚期思想中最为纠结、最为曲折、最为难解的部分,以至于将其称为"牟宗三儒学思想之谜"毫不为过。牟宗三为什么会有这种看法?这种看法正确还是错误?如果正确,其合理性在哪里?如果错误,其原因又在哪里?我的研究长期困惑于此,不得解脱,苦恼不堪。后来,一则材料帮助我解开了这个谜团。这则材料出自《智的直觉与中国哲学》,牟宗三这样写道:

> 三十年前,我在西南联大哲学系有一次讲演,讲建立范畴、废除范畴。当时听者事后窃窃私语,范畴如何能废除呢?我当时觉得他们的解悟很差。我说此义是以中国哲学为根据的。我当时亦如通常一样,未能注意及康德随时提到智的直觉,与直觉的知性,我只随康德所主张的时空以及范畴只能应用于经验现象而不能应用于物自身(这是大家所知道的),而宣说此义。现在我细读康德书,知道两种知性,两种直觉的对比之重要,即从此即可真切乎此义。此为康德所已有之义,只是他不承认人类有此直觉的知性而已。但在神智处,范畴无任何意义,范畴可废除。假若在人处亦可有此直觉的知性、智的直觉,范畴亦可废除。废除范畴有何不可思议处?于以一见一般读哲学者,甚至读康德者,解悟与学力之差!

《智的直觉与中国哲学》,第 151 页,20/195

此处的"三十年前",当指 20 世纪 30 年代末。当时,牟宗三在西南联大做了一次演讲,讲到建立范畴、废除范畴的问题。他的观点并不为人们所理解,牟宗三甚为遗憾,一如其一贯之风格,责怪听者理解力不行。三十年后,在撰写《智的直觉与中国哲学》时,牟宗三已经充分注意到智的直觉问题,认为这是一个重要问题:如果没有智的直觉,那么人们的认识必须借助范畴,从而受到范畴的制约,不能抵达物自身;反之,如果有了智的直觉,那么人们的认识就不需要借助范畴,从而不受范畴的制约,能够抵达物自身。

我之所以看重这则材料,是因为它透露出牟宗三心底有这样一种意识:智的直觉即是不经过范畴(包括时空)的思维方式,与这种思维方式相对的对象即是物自身;如果可以证明人可以有智的直觉,那么人的认识即可以不再止步于现相,而可以直达物自身。这一意识对牟宗三学术生涯影响极大,其后期思想可以说都是在证明这个问题。但诡异的是,在具体证明过程中,牟宗三暗中有一个转换。他原本要证明的是:"人有智的直觉,其认知可以直达物自身"。然而,在证明这个属于认知性质的论题时,牟宗三利用的却是存有论的材料。在他看来,道德之心不仅可以决定人的善行,而且可以对宇宙万物发生影响,可以创生道德意义的存有。道德之心创生存有并不需要借助认知意义的范畴,其思维方式就是康德不承认人可以具有的智的直觉。因为是智的直觉,所以由此创生的对象便不再是现相,而是物之在其自己。牟宗三这种以存有问题证明认知问题的思路隐藏着一个严肃的问题:道德之心创生存有的思维方式果真是康德意义的智的直觉吗？其创生的对象果真可以被称为物自身吗？这里包含两层意思。一方面，应该承认，道德之心创生存有，因为不是康德所说的认识问题，所以确实不需要借助时空和范畴这些认识形式，是直接将道德的内容附加到对象之上；另一方面，也必须清醒地看到，这种不需要借助时空和范畴的思维方式并不是康德所说的智的直觉，其对象并不能被称为物自身。康德意义的智的直觉是一种"本源性"的直觉，即所谓"本源的直观"（intuirusoriginarius）①，也就是其自身可以给出质料的一种直觉。这种智的直觉人类并不具有，或许只有上帝才有，不过对此我们并不能给出证明。牟宗三对康德这个重要概念的理解与此有很大不同。他不是从"本源性"，而主要是从"曲屈性""封限性"的角度诠释这个概念的。他认为，在康德的学理中，由于人类总要受到主观因素（主要指时空和范畴）的影响，有所"曲屈"，有所"封限"，必有其相，所以只能得到对象之现相，不能得到对象之自身。儒家哲学与此不同，承认人可以有智的直觉，其思维方式没有"曲屈"，没有"封限"，没有其相，因此完全可以直达物自身，不再局限于现相。道德之心赋予宇宙万物价值和意义即所谓"觉他"的过程，即是这样一种思维方式。因为这个过程不需要借助时空和范畴，属于智的直觉，所以其创生的对象不再是现相，而是物自身。这里的问题非常严峻。即便我们不计较牟宗三对康德智的直觉的诠释是否合理，也不能说"觉他"的思

---

① 康德. 纯粹理性批判. 邓晓芒, 译. 杨祖陶, 校. 北京：人民出版社，2004：50.

维方式是智的直觉。牟宗三讲"觉他",讲道德存有,源自熊十力的新唯识论,最根本的意思是,道德之心可以创生道德意义的存有。道德意义的存有按其本质而言,就是将道德之心的价值和意义赋予外部对象,使原本没有任何色彩的对象具有了道德的价值和意义。既然如此,这种思维方式就已经夹带了人类的痕迹,从特定角度说,已经有了"曲屈性"和"封限性",怎么能是康德意义的智的直觉,哪怕是牟宗三诠释之下的康德意义的智的直觉?其创生的对象又怎么能被称为物自身?

牟宗三的上述证明中有一个重要的环节,这就是"无相"。"如相一相,所谓无相,即是实相。"在牟宗三的思想系统中,"无相"又叫"如相",均指没有任何用相,而经由这种没有任何用相得出的对象,即是"物如",也就是康德所说的物之在其自己。为此,牟宗三特引龙溪"四无"中"体用显微只是一机,心意知物只是一事"之说,证明在"四无"境界下,物是"无物之物",而这种"无物之物"即是物自身,不再是现相。在这一点上,我的看法与牟宗三大有出入。在我看来,即使按照牟宗三的诠释,"四无"也只是就道德境界而言"无",意即人一旦达到一定的高度,便会进入浑化境界。在这个境界中,大无大相,一切归于平平,无从具体区分何为心、何为意、何为知、何为物,一切都在冥寂圆融之中,无执无滞,皆是自然,再无任何勉强造作。这种境界可以被简称为"道德而无道德之相"。换言之,"道德而无道德之相"是说人达到一定境界后,成德过程完全归于自然,无心为德而成德,无心为善而成善,从心所欲皆是无执,外面丝毫显不出道德的样子。"道德而无道德之相"与存有是否有相,性质完全有别,不能以此证明存有是否有相,更不能以此证明道德之心创生的是物自身的存有。牟宗三不是这样,他以"道德而无道德之相"论"觉他",论物自身的存有。这种做法风险极大。"觉他"按其本义即是道德之心对外部对象发生影响,不管创生的人本身境界如何,是显道德之相还是不显道德之相,所创生的对象都不可能是物自身,而只能是一种特殊的现相。这种特殊的现相来自道德之心,而道德之心是关乎善的,故可称之为"善相"。牟宗三存有论归根结底无非是想表明道德之心可以创生"善相"罢了。套用孟子句式来说就是:"牟宗三存有论无他,道德之心创生善相而已矣。"① 尽管这是一个非常有价值的问题,但牟宗三以"道德而无道德之相"证明存有之"无相",进而证明人的认知可以达到物自身,最终造成了严重的混乱。他反复强调的所谓物自身的存有、无执的存有,恰如"方的圆""木的铁"一样,本身就是一个矛盾,很难在理论上站得住脚。

牟宗三的这种看法后来形成一个定式,进而上升为一种思想方法,不断被运用到其他研究中,失误连连。其中,最为直接的要算其关于两层存有论的表述了。前面讲过,将熊十力的新唯识论进一步推广为两层存有论,是牟宗三儒学思想最为重要的贡献之一。借鉴《大乘起信论》"一心开二门"的思想,牟宗三提出人有认知之心,认知之心可以创生现相的存有,同时又有道德之心,道德之心可以创生物自身的存有。因为道德之心是无限智心,其思维方式是智的直觉,所以其创生的便不

---

① 《孟子·告子上》云:"学问之道无他,求其放心而已矣。"

再是现相，而是物自身的存有。这样一来，人就可以同时创生两层存有：一层是现相的存有，一层是物自身的存有。牟宗三这一说法向学界发出了极大的挑战，人们长时间处于迷茫之中而无法应答。一方面，大家看到牟宗三这一思想得来不易，本能地感觉背后一定有大文章，必须认真对待；另一方面，大家又实在没有办法理解为什么道德之心创生的存有就是物自身意义的存有。经过上面的分析，我们已经看得很明白了：两层存有并不是什么现相的存有和物自身的存有，而是现相的存有和"善相"的存有。这个道理说来并不难理解。人既有认知，又有道德。认知由认知之心决定，道德由道德之心决定。这是两个完全不同的层面。这两个层面都有创生存有的能力。由认知之心创生的存有因为要受时空和范畴的影响，所以为现相的存有。由道德之心创生的存有虽然不受时空和范畴这些认识形式的影响，是道德之心直接指向对象的结果，但这种指向就其本质而言，也是以道德之心影响对象，使原本没有任何色彩的对象染有道德的色彩，所以其对象不是什么物自身，而是一种特殊的现相，即上文所说的"善相"。牟宗三没有将这里的环节梳理清楚，直接将两层存有叫作现相的存有和物自身的存有，造成诸多困惑，自然就是难以避免的了。

其后，牟宗三又将这种方法运用到圆善论中，引出了更大的麻烦。在他看来，康德提出的圆善问题有其理论和现实意义。但康德受其理论体系所限，没有真正解决这个问题，我们有必要以儒家智慧为基础来解决这个问题。牟宗三相信，经过《圆善论》的写作，这个难题已经得到"圆满而真实的解决"。

对于牟宗三的这种自我评价，我持强烈的怀疑态度。与圆善问题相关，有两种不同的幸福：一是物质幸福，一是道德幸福。物质幸福是指在现实生活中得到实际的物质享受，满足这方面需求而达成的幸福。康德设定上帝存在，所希望得到的就是这种幸福。道德幸福是指成就道德，满足道德要求而达成的幸福。不管是佛家、道家，还是儒家，在成就了各自意义的道德之后，内心都会感受到一种满足、一种愉悦。这种满足和愉悦本身是一种快乐，也就是一种幸福。牟宗三梳理出了"诡谲的即"这个概念，希望以此来解决圆善问题，但由此所能达成的只是道德幸福，而不是物质幸福。单就儒家来说，成就道德并不是一帆风顺的，很可能会受到挫折，甚至付出生命的代价。但经过一种辩证的转化，这些付出可以转化成内心的满足和愉悦，这种满足和愉悦就是儒家历史上孜孜以求的"孔颜乐处"。必须注意，"孔颜乐处"只是精神性的而不是物质性的，只是道德幸福而不是物质幸福。道德幸福当然有极高的价值，但并不能以此来解决康德意义的圆善问题。但问题在于，这里明明是两种不同的幸福，牟宗三只证明了道德幸福，未能也不可能证成物质幸福。那么，他为什么要宣称这个问题已经解决了？要回答这个问题，还必须从牟宗三存有论的缺陷找原因。前面讲过，牟宗三存有论的核心是说道德之心有创生性，可以对外部对象发生影响。这种情况不仅指自然界，而且包括道德界。自然界的情况前面已多有说明，不再赘述。所谓包括道德界是说，在牟宗三看来，存有论可以使人们用道德的眼光来看待成就道德过程中的一切事物。成就道德本身意味着必须做出牺牲，这种牺牲在一般人的眼光中只是苦、只是罪，但经过道德之心的赋予，又可以变成内心的满足和愉悦。这种满足和愉悦，即是道德幸福。这种道德幸福必须经由转化而来，而这种转化又必须在道德的视野之下才能进行。牟宗三解决圆善问题，除"诡谲的即"之外，必须再讲一个"纵贯纵讲"，最根本的用意就在这里。按照牟宗三的理解，道德之心创生存有不需要通过时空和范畴这些中间环节，其形成的对象即是物自身，与之相应的道德幸福也就成了"物自身层之自然"。既然如此，那么当然可以宣称圆善问题得到了"圆满而真实的解决"。这里的混乱是很严重的，就算不计较牟宗三关于道德幸福产生机理的合理性如何，由存有论而成的幸福也只是道德幸福，属于精神层面，不属于"物自身层之自然"。牟宗三可以说，他的努力为解决康德的圆善难题提供了一个崭新的思路，但绝对不能断言已经解决了康德未能解决的圆善问题。牟宗三没有看到这里概念的不一致，反而对自己的研究成果自视甚高。这可以说是其圆善论的最大败笔，不仅使相关的论述极为曲折纠缠、艰深难解，而且大大降低了这部重要著作的学术价值。

合一论也是如此。牟宗三创立合一论，是为了将真美善有机综合起来。他不满意康德先是对理论理性进行批判，后又对实践理性进行批判，再用判断力作为媒介将二者综合起来的做法，批评这种做法无法真正达到目的。为了解决这个问题，牟宗三探索了一条完全不同的道路，把希望放在本体上面。在他看来，本体是一切事物的总根源，这一本体既可以创造认知，又可以创造道德，而本体为一不为二，所以理论理性与实践理性原本即为一体。只要能看到本体为一不为二，那么理论理性和实践理性就是不分的。这是一个非常有价值的看法，我予以高度评价。然而，在凸显本体的过程中，牟宗三受其对"智的直觉"概念独特理解的影响，特别强调本体是"无相"的。在他看来，人一旦成就了道德，就会有一种道德之相，这种道德之相即是一种"大相"。这种大相虽然是一种进步，但由此也会形成紧张，容易拒人于千里之外，所以必须再进一步，把大相化掉，做到大无大相。一旦做到大无大相，一切归于平平，就不仅没有了道德之"善相"，没有了认知之真相，而且就连审美也没有了审美之相，达到了"无相之美"。因为道德、审美、认知三个领域都有"无相"，所以就可以在"无相原则"的旗帜下实现"即善即美即真"，完成"相即式合一"了。在这套复杂的系统中隐藏着这样一个问题：真的存在"无相之美"吗？我并不这样认为。不论就道德来说，还是就认知来说，或是就感性来说，美本身就是一种相，世界上根本没有一种"无相"的美。检查牟宗三的相关论述，他之所以大谈"无相之美"，其实是在以"审美而无审美之相"证明"审美而美无美相"。"审美而无审美之相"，特指以一种自然心态来审美，没有任何主观故意，在不知不觉之间欣赏到了美。"审美而美无美相"，则是说去审美，但这种美没有任何相。"审美而无审美之相"与前面讲的"道德而无道德之相"相似，都是说达到一定境界后，一切归为自然，没有任何主观故意即可完成道德，完成审美。这本身是对的，没有问题。问题是不能以"审美而无审美之相"证明"审美而美无美相"，进而以"无相"

为原则，大谈"相即式合一"。牟宗三混淆了"审美而无审美之相"与"审美而美无美相"，以前者作为后者的论据，在逻辑上有严重的混淆，在义理上有严重的失误。

通过上面的分析，牟宗三儒学思想方法的不足已经比较清楚地摆在我们面前了。概要而言，这种不足包括两个方面：一是对良心本心的理解过于陈旧，从而未能摆脱感性与理性两分的模式，总体上坚持的仍然是两分方法；二是对康德智的直觉思想理解有失准确，认为道德之心创生存有的思维方式即是智的直觉，不仅直接将其创生的对象称为物自身，而且以此作为一种基本方法，扩展到圆善论和合一论中。这两个方面的问题为牟宗三带来了诸多困扰。前者决定其不适当地判定朱子是旁出，乃至误将道德无力说成道德他律，无法真正说明儒家道德理论何以本身具有活动性。后者不仅使其存有论的表述有欠准确，直接将道德之心创生的存有界定为物自身的存有、无执的存有，而且造成圆善论与合一论中若干重要问题的混淆。我相信，牟宗三上述思想方法已经过时了，失去了进一步发展的潜力和可能。套用习惯性的哲学术语，可以说已经"终结"了。《贡献与终结》这一书名中的"终结"，就是针对这个问题而言的。如果现在谁还看不清这一点，再以两分方法为标准来判定正宗与旁出，以道德他律来说道德无力，或者再以对智的直觉的不正确理解为基础，将道德之"善相"称为物自身，并以此来解决康德意义的圆善问题，建构真美善的新的合一，那么他就最多只能在牟宗三思想的原地踏步，甚至扩大原有的错误而已。

第一章　坎陷论*

一、"坎陷"概念的真实含义

坎陷论是牟宗三最早提出来且能够代表其儒学思想的一种理论。由于种种原因，这一理论自20世纪中叶提出之后便争讼不止，疑惑不断，以至于很少有人能准确把握这一概念的确切含义。

从字面上看，"坎陷"在《周易》中的基本意义为陷为险，取象为水。但牟宗三借用这一说法所要表达的内容却要丰富得多。在他看来，中国文化与西方文化是两种不同的文化形态。中国文化重视道德，重视直觉，是一个仁的系统、一个超知性的系统；西方文化强调认知，重视逻辑，是一个智的系统、一个认知的系统。由于有这些不同，中国文化一直走道德的路线，科学和民主未能得到很好的发展；西方文化走的则是认知

---

* 本章为《贡献与终结》第一卷第五章，原标题为"综论坎陷论的意义与不足"，参见：杨泽波. 贡献与终结：第1卷. 上海：上海人民出版社，2014：238-245。

的路线,科学和民主得到了较好的发展。因为科学和民主原本就是西方文化的东西,在新的历史条件下,我们要发展科学和民主,当然就不能走那种从传统中寻找所谓科学和民主的"种子",然后使其发扬光大的路子,而只能走曲折的路线,将我们的传统加以改造,使其能够适应科学和民主的发展。更为重要的是,牟宗三在将两种不同文化进行横向比较的时候,始终认为中国文化在价值层面并不低于西方文化,甚至强调科学和民主"卑之无甚高论"(《政道与治道》,新版序第28页,10/31),我们历史上没有这些东西是"超过的不能,不是不及的不能"(《政道与治道》,第52页,10/57)。因此,我们发展科学和民主并不需要再向上讲、向上发展,而是需要向下讲、向下发展。为了表达这一思想,牟宗三看中《周易》中"坎陷"这一说法,特别借用其中"陷"的含义,以凸显向下讲、向下发展的意思。

"坎陷"概念有三个最基本的含义,即"让开一步""下降凝聚""摄智归仁"。所谓"让开一步",是说道德要来一个自我否定,暂时退让一下,不再发展自己,而是发展自己之外的内容。由于特殊的时代背景,我们的文化从一开始就偏重道德,道德意识特别强烈。这是我们的强项和优势。但这种强项和优势的形成,不自觉之间影响了其他方面的发展,其中最为重要的就是科学和民主。在儒学第三期的发展过程中,要开出科学和民主,当然就不能再刻意发展我们的强项和优势,而必须让这种强项和优势暂时休息一下,让开身来。坎陷开出科学和民主必须"让开一步"最根本的意义即在于此。所谓"下降凝聚",是说开出科学和民主必须向下发展。在牟宗三看来,中国文化虽然科学和民主没有得到好的发展,但并不低于西方文化,其层面甚至远在西方文化之上。牟宗三之所以有这种看法,是因为道德一定高于认知,这是一个基本原则。既然我们的强项和优势在道德,而道德又高于认知,那么要发展科学和民主,当然就必须向下走,而不能再向上走。后来,牟宗三进一步借用康德思想和《大乘起信论》来阐发这一思想。在他看来,一心可以开二门:一是真如之门,二是现相之门。真如之门与道德相关,讲的是智的直觉;现相之门与认知相联,讲的是逻辑推理。因为实践理性高于理论理性,所以在"一心开二门"的思想格局中,真如之门在上,现相之门在下。要发展科学和民主,必须由真如之门向下走,来一个向下的大开大合。所谓"摄智归仁",是说开出科学和民主的整个过程不能离开道德的指导。牟宗三特别强调,通过坎陷开出科学和民主只是问题的一个方面,与此同时千万不要忘记整个工作必须在道德的指导下展开,必须坚守道德理想主义不放。科学和民主属于"智"的范畴,道德属于"仁"的范畴。科学和民主不能离开道德的指导,必须被纳入道德的框架下进行,这就叫作"摄智归仁"。"摄智归仁"是坎陷论不可或缺的组成部分。

必须指出,尽管"坎陷"概念蕴含着精彩的内容,但其确义却常常被一些不必要的枝节所掩盖,影响了人们的理解。为了更好地理解和说明牟宗三的思想,我提出了读解坎陷论的一个新的方法,这就是多重三分方法。这种方法最初是在研究道德结构问题时提出来的。根据这种方法,从横向上分析,道德结构包括欲性、仁性、智性三个部分。这种情况其实在认知结构和审美结构中同样存在。将审美结构、认知结构、道德结构有机联系起来，就形成了人的生命层级构成，并进而被推广到社会层级构成。生命层级构成和社会层级构成范围有别，但自下而上都包含体欲、认知、道德这三个层面（其中，第一个层面横向又包含三个部分，恰如道德层面包括欲性、仁性、智性三个部分一样）。我们传统的特点是道德发达，认知不发达；西方则刚好相反，是认知发达，道德不发达（这里的"不发达"是相对而言的，准确地说是不如我们发达，或不如我们合理）。西方的这个特点决定西方走的道路与我们完全不同，近代在科学和民主方面取得了很高的成就，超过了我们。我们在新的历史条件下要开出科学和民主，补上这一课，当然就不能再固守自己的强项和优势不变，而必须发展我们所不擅长的东西。具体说来，就是要大力发展生命层级构成和社会层级构成中的认知一层与体欲一层。有趣的是，根据多重三分方法，道德层面高于认知层面与体欲层面。因此，发展认知层面与体欲层面，是一种退一步的发展，是从我们擅长的层面退出身来，发展在它们之下的东西。牟宗三论坎陷特别重视"让开一步"和"下降凝聚"，其主旨说到底不过是强调，从生命层级构成和社会层级构成中的道德一层退让出来，发展其下的认知层面与体欲层面。更加要紧的是，既然认知层面与体欲层面在道德层面之下，那么发展这两个层面就必须接受道德层面的指导，而不能完全弃道德层面于不顾。"坎陷"概念在逻辑上一定含有"摄智归仁"的内容，根据就在这里。经过这样的梳理，我相信借助多重三分方法，清楚把握"坎陷"概念的内涵已不再是一件非常困难的事了。

二、坎陷论的理论意义

牟宗三坎陷论的理论意义是巨大的，经过半个多世纪风风雨雨的检验，这一点现在已经看得越来越清楚了。

19世纪至20世纪在中国历史上是一个非常特殊的历史时期。在这个历史时期，西方文化借着船坚炮利的优势大举入侵，中国文化受到了前所未有的冲击，经历了"三千年未有之变局"。如何应付这种局面，如何面对西方文化的挑战，这是每个有识之士必须认真思考的严肃课题。面对这个课题，自由主义者主张全盘西化。他们不相信自己的文化，在他们眼里，西方的东西都是先进的，中国的东西都是落后的，不把线装书统统扔到茅厕中，中国是没得救的。陈序经、胡适、殷海光是这个阵营中最为重要的人物。但也有一些人持保守主义态度，不同意这种观点。他们认为，中国文化传统尽管有问题，但也不是事事不如人，很多方面有自己独特的价值，万万不可将自家的东西全都抛弃，走全盘西化的道路。梁漱溟、熊十力是这个阵营的重镇，牟宗三也是其中一员。自20世纪中叶起，牟宗三便以极大的热情关注这一问题，进行了一系列的研究，从而对中国文化的特质有了较前人更为系统的看法。在他看来，中国文化与西方文化的特点截然有别，中国文化是仁的系统，西方文化是智的系统。中国文化属于"综和的尽理精神"，是

"理性之运用的表现"。西方文化属于"分解的尽理精神",是"理性之架构的表现"。我们的传统有其短,但也有其长,对自己这所长绝不能视而不见。

当然,牟宗三并不认为中国文化不需要改进和更新。在他看来,中国文化近代以来之所以落在了西方后面,关键就在科学和民主之有与无:西方有科学和民主所以强大,中国无科学和民主所以弱小。在新的情况下,面对西方文化的挑战,我们必须想办法开出科学和民主,补上这一课,这是我们面临的最大的历史课题。有意思的是,面对这一历史重任,牟宗三没有像当时其他学者那样,将主要精力放在寻找科学和民主在中国文化中的"种子"上面,似乎只要把这些种子发掘出来,加以培养,就可以长出科学和民主了;与此相反,他强调,科学和民主并不是我们所有的东西,我们要开出科学和民主,不能直通,而必须事先绕一个弯,走曲通的道路。这种曲通的道路就叫"坎陷"。要做到坎陷,必须"让开一步",从自己的强项和优势上退出身来;必须"下降凝聚",来一个向下的大开大合。不管牟宗三的坎陷论有多少缺陷和不足,仅就其没有把中国文化完全归并于西方文化的体系之下,没有把主要精神放在寻找中国文化中科学和民主的"种子"之上,其贡献就是不可小视的。

更为可贵的是,牟宗三强调,我们一方面要开出科学和民主,另一方面又必须保留我们自己的优长,由此提出坎陷必须"摄智归仁"的主张。坎陷必当向下发展,但这种向下发展不是无限度的,必须有一种向上的道德力量加以提升。这是非常了不起的思想。科学和民主当然有其价值,没有科学和民主,现代化便不可能真正实现。但无论科学还是民主,都不是最高的东西。较之科学和民主,更重要的是道德。没有道德的指导,科学既可能为人类造福,也完全可以为人类添害;没有道德的指导,单纯的民主可能会走向"泛政治主义",同样会出问题。这里特别重要的是民主问题。儒家将政治的希望过多寄托在道德方面,确有自身的缺陷,但也有很强的合理性,不能因为要开出民主,就将儒家重德的思想传统完全弃之不顾。尽管牟宗三的相关思想有一定的缺陷,如没有对西方的民主制度进行深刻的反思,立脚点似乎不如梁漱溟高超,但从理论上分析,经过坎陷而成的民主不应再是西方式的民主,否则他讲坎陷就不需要讲"摄智归仁"了。对此,必须有足够的认识。一段时间以来,一些人以为只有民主有价值,值得提倡,政治必须与道德分离开来。内圣外王老调"可以休矣",内圣外王是"已陈刍狗",成了最时髦的话语。牟宗三不是这样,他建构坎陷论,一方面自然是希望能够以这种方式开出民主,跟上形势的发展;另一方面又强调必须在这个过程中保持儒家政治传统的优势。外王是要开的,但内圣也不能丢。不丢掉内圣就是不能丢掉儒家的政治传统,不能丢掉道德理想主义。这是"摄智归仁"最值得关注的部分。也许只有从这个视角才能真正看清牟宗三创立坎陷论的历史意义。

三、坎陷论的方法缺陷

坎陷论虽然有着深远的理论意义,但其具体表述也有一些不尽如人意的地方,这也是毋庸讳言的。

牟宗三在讲坎陷的时候,总是喜欢说"良知坎陷"或"良知自我坎陷"。按照这种说法,坎陷的主体就是良知,再无其他。但只要认真分析即会看到,良知属于道德的范围,但道德不都属于良知。"良知坎陷"这种说法到底是讲,仅有良知还不够,还必须发展良知以外的内容,还是以良知作为道德的代表,强调只有道德还不行,还必须有道德之外的内容?根据上面的分析,在牟宗三那里这两层意思都有,但与开出科学和民主相关的,最重要的还是后者。换句话说,牟宗三讲坎陷根本的意思是说,儒学传统中道德一层很强,认知一层较弱,实践理性很强,理论理性较弱;由于科学和民主与认知和理论理性相关,所以我们如果要开出科学和民主,那么就必须大力发展认知,发展理论理性。但牟宗三在阐释这一思想的过程中反复讲"良知坎陷",这很容易造成误解,使读者认为,牟宗三这里的主体是良知,而不是道德,尽管良知属于道德。此其一。

大量材料证明,牟宗三在"外王三书"中创立坎陷论明显受到了黑格尔的影响。在 20 世纪中叶,牟宗三通过各种渠道了解到黑格尔的思想,大受启发,于是将儒家的思想与黑格尔联系在一起,将儒家的仁比作黑格尔的绝对精神。因为绝对精神在黑格尔那里有一个辩证的发展过程,有自我否定的力量,于是牟宗三大讲儒家的仁可以自我否定,这种否定就是"良知坎陷"。我们知道,绝对精神是黑格尔哲学的重要概念,它在辩证的发展中可以否定自身,经过肯定、否定、否定之否定,使自身不断向前发展。将儒家的仁比作绝对精神,问题很多,因为人们实在没有办法明白,儒家的仁为什么就是绝对精神,这种仁是如何自我否定的,其内在的动力何在,其具体过程又是如何展现的等一系列问题。后来,虽然牟宗三在《现象与物自身》和《中国哲学十九讲》中不再像先前那样直接将坎陷与黑格尔的绝对精神联系在一起,但也没有彻底放弃或明确否定自己早年的做法。于是,读者在这个问题上产生各种猜测、纷争不止,也就是难以避免的了。此其二。

牟宗三将"坎陷"这一古老词汇移为己用,一个重要用意是,说明要发展科学和民主不能向上讲而只能向下讲。牟宗三为了说明此间的道理,做过很多努力。如强调无论科学还是民主,层面都不高,远在道德理性之下。到了后期,在重新建构"一心开二门"理论的过程中,更对这一思想做了进一步的发挥。他强调,根据《大乘起信论》,一心可以开出二门:一是与道德理性相关的真如门,二是与理论理性相关的现相门。根据康德道德理性优于理论理性的原则,道德理性在层面上一定高于理论理性。由于我们的传统特别看重道德,不大重视认知,所以道德理性发达,理论理性薄弱。要在这样一个基础上发展科学和民主,就必须向下走,来一个向下的大开大合。牟宗三的这种做法较之早期以黑格尔讲坎陷明显有了进步,在一定程度上减轻了人们理解的困难。但这种进步还不够彻底,还留有一些问题。人们可能还会追问:借助黑格尔与借助康德来说明坎陷,这二者之间是什么关系?道德理性优于理论理性,还有没有更深层的理论基础?更为重要的是,仅仅以道德理性的优位性说明坎陷,只能说明要开出科学和民主必须大力发展理论理性，但这种讲法对于科学是可以的，对于民主就不完全适应了。发展民主，不仅要有理论理性，更要关注经济利益，注意恶的问题。只有这样，人们才能增强权利意识，发展法权观念，成为独立的政治存在，为开出民主打下坚实的基础。此其三。

在我看来，这些缺陷很重要的还是一个方法问题。由于缺乏一套合宜的系统方法，牟宗三对坎陷论的说明始终没有达到让读者能够明白接受的程度。正是看到了这个困难，我试着以多重三分方法对其加以诠释。根据这种方法，无论生命层级构成还是社会层级构成，自下而上都包含体欲、认知、道德三个层面。在这三个层面中，中国文化的特点都是最高层面特别发达，其下的层面不够发达。具体说来，就是道德发达，认知和体欲不够发达。这种情况直接影响到科学和民主的发展。要在新的历史条件下让科学和民主来一个大的发展，必须首先"让开一步"，从道德层面让开身段，"下降凝聚"，发展其下的认知层面，对于民主而言，还要特别发展其下的体欲层面。一旦明白了这个道理，我们就可以懂得：第一，坎陷开出科学和民主必须向下发展，而不是向上发展。第二，"良知坎陷"不是一个确切的说法，准确地讲应当叫作"道德坎陷"。第三，这种坎陷旨在强调从最高层面退出身来，以发展其下的认知和体欲层面，与黑格尔的绝对精神没有直接的关联性。第四，更为重要的是，通过坎陷开出的民主，必须坚持"摄智归仁"的原则，不能丢掉中国文化重德的传统。这样开出的民主既有别于中国传统政治，也不同于西方现行的民主制度，是一种崭新的政治模式、文明模式。坎陷的终极目的就是要找到这种新的模式，为人类文明做出自己的贡献。

通过上面对"坎陷"概念的含义、理论意义与方法缺陷的逐一总结，我对坎陷论的态度已经十分明朗。牟宗三在阐述这一思想的过程中的确有一些不够清晰的地方，后期的一些具体讲法（如断言民主制度是人类政治的最后形态）也大大减损了它的光彩；但总体来看，这一学说的理论价值仍然不可轻视。与学界质疑者多认同者少的情况不同，我对牟宗三的坎陷论予以积极的肯定和评价，并希望借助自己的多重三分方法，一方面澄清其中一些不够清晰的地方，另一方面清理因局势对比而有的一时褊狭之见，将其发扬光大。

第二章 三系论*

一、三系论的两个理论贡献

牟宗三创立三系论在两个方面做出了重要贡献，不可小觑，这是必须首先加以肯定并强调的。

自孔子创立仁的学说以来，经过孟子、象山、阳明等大家的衣钵相传，心学有了长足发展，到阳明之时已经完全成熟。心学强调一个仁字，基础全在良心本心，最大特点是内在性。因为仁是内在的，所以由仁发展而来的良心本心也是内在的。心学的这个内在性特点直接决定了心学的致思方式是向内自省，反躬而求。依据这一义理，一个人能不能成就道德，关键看他遇事能不能反身求得自己的良心本心，能不能听从良心本心的命令和指导。心学不重视博学致知在成就道德中的作用，具有简约易行的特点。象山提倡易简工夫，不满意朱子，批评

---

* 本章为《贡献与终结》第二卷第六章，原标题为"综论三系论的意义与不足"，参见：杨泽波. 贡献与终结：第2卷. 上海：上海人民出版社，2014：268-283。

其是支离,阳明龙场所悟吾性自足,见父自然知孝,见兄自然知悌,不假外求,根源皆在于此。

心学的这种特点有其优越性,但也容易走向反面,成为它的缺点。良心本心内在己身,把握起来说容易也容易,说艰难也艰难。说其容易,是因为良心本心遇事必然当下呈现,想遏制也遏制不住,只要不受利欲的引诱,自然可以达成善行,从此一知百知,一了百了,境界大开,净洁快活;说其艰难,是因为良心本心的呈现是一种直觉,能否把握全在个人体悟,如果体悟不到,则迷蒙混沌,茫然无知,百思不得其解,于师亦无办法。心学的这种缺点到明代中后期开始向两个不同的方向发展:有所悟者常将其所悟张扬夸耀,把良心本心说得玄而又玄,脱离人伦日用,令一般人难以理解接受,由此构成王门后学的一大流弊,即所谓"超洁者荡之以玄虚";无所悟者迫于心学日盛的精神压力,不得不附庸风雅,表面上装出一副了然于胸的样子,暗地里贩卖私家勾当,一是皆良,由此构成王门后学的另一大流弊,即所谓"猖狂者参之以情识"。

明末王学两大流弊日盛一日,蕺山自觉承担起救治之责。蕺山创立慎独之学,一方面区分意与念,另一方面划分心与性,希望以意的力量对念加以对治,以性宗的力量对心宗加以限制,使其不至于泛滥而无收煞。三系论正是沿着蕺山这一思路发展而来的。牟宗三将先秦《论语》《孟子》列为一组,《中庸》《易传》列为另外一组,特别强调后一组天道、性体的客观性意义,将历史上不特别看重的五峰、蕺山单独列举出来,试图借助天道、性体的特点,以性体之"纲纪之主"对心体之

"主观之主"加以制导，克服王门后学的种种流弊。不管这种做法的实际效果如何，这种"接着"蕺山讲的问题意识，本身就直接切入了儒家心学的软肋，其理论意义不可低估。

自孔子继承西周礼乐之制，提倡学诗、学礼、学乐以来，礼的学说也成为其思想体系中的一个重要方面。这一思想经过荀子、朱子的薪火相继，到了宋代有了极大的发展。礼学的重要特点是，重视学习和认知，强调一个"智"字。孔子重智，原本是因为先前遗留下来的周代礼乐之制具体而繁缛，不认真学习就不能掌握，但后来这一思想的内涵有了细微的变化，由狭义的学诗、学礼、学乐（也包括学道）转变为在成就道德过程中的一般性学习和认知。不管是荀子的"虚壹而静"，还是朱子的"格物致知"，所强调者莫出于此。朱子在这个过程中的作用尤为重要。朱子特别重视《大学》，将其视为初学入德之门，无非是看重格物、致知、诚意、正心的顺序，而其强调的"以其然求其所以然"，"因其已知之理而益穷之"，更在孔子智的思想中加进了哲学式反思的内容，大大丰富了孔子这方面思想的内涵，预示了一个极有潜力的发展方向。经过朱子的努力，由伊川至朱子的理学终告成立。无论是证之于古代中国哲学还是借鉴于现代西方哲学，无论是理论的考辨还是实例的分析，都可以证明，学习、认知乃至哲学式反思在成就道德过程中的作用是不容丝毫否认的。因此，以朱子为代表的理学不仅在学理上有合理性，而且在逻辑上有必然性。

与心学一样，理学也有自身的问题。强调格物致知，寻求学习、认知乃至哲学式反思，这自然是必要的，但这些并不是成就道德的唯一条件。依靠学习、认知乃至哲学式反思，我们当然可以发现和建构道德法则，但我们在知道了这些道德法则之后，为什么必须要按照它们的要求去做？这显然是一个极为重要的问题。朱子没有办法解决这个问题，因为朱子对孟子的道德本心体会不深，他讲的理只存有、不活动，是一个"死理"。放眼开来，这个问题有着极强的普遍性。康德在《道德形而上学的奠基》《实践理性批判》中虽然高扬道德理性，强调运用道德理性可以从普通的道德理性知识过渡到哲学的道德理性知识，进而建立科学的形上学，但他并不能回答"人何以会对道德法则感兴趣？""理性何以本身即是实践的？"等问题，其深层的原因也在这里。在这个问题上，与其说康德与孟子相似，不如说康德与朱子更为接近。

　　牟宗三以极强的洞察力，一眼望穿朱子思想中存在的这个问题，以判教的方式，定其为旁出，直接点到了其学理的致命之处。他反复强调，理性要成为实践的，就必须保证理有活动性，即存有即活动，否则就是"死理"。要保证理的活动性，就必须保证在理中有心义，即有孟子的道德本心之义。有了道德本心之义，理就多了一种指导鞭策的力量，就有了神义，有了活动，有了兴发力，就可以有效保证道德成为可能。牟宗三频繁使用诸如"即存有即活动""只存有不活动""活理""死理""心义""神义"等概念，所要表达的无非是这一思想。经过牟宗三的努力，朱子学理中的这个问题被充分暴露出来，人们不得不认真思考理性如何才能保证道德成为可能这样一个重大原则问题。牟宗三在这方面的功绩，同样不容否认。

心学与理学是儒家心性之学的两大分支，有各自的优点，也有各自的问题。心学的问题是容易陷入双重流弊，理学的问题是难以有效保证道德成为可能。这些问题不解决，儒学就难以健康地发展。牟宗三创立三系论，就是为了解决这些问题，志向之高溢于言表。他将五峰、蕺山，象山、阳明，伊川、朱子分别开来，以五峰、蕺山一系重视性体的特点，解决心学面临的问题，使其具有客观性，又以象山、阳明一系道德本心活泼有力的特点，解决理学面临的问题，使其具有活动性。一个是客观性，一个是活动性，这二者事实上已经成为三系论的两个重要理论支点，须臾不可离开。不管围绕这两点的具体做法有多少疑点需要商榷，牟宗三在这个过程中体现出来的智慧与胆识都是令人敬佩的。在我看来，在这个问题上，眼光如此之准，手笔如此之大，气魄如此之雄伟，学说如此之系统，在现代新儒家中尚无第二人可以比肩。仅就此一点而言，牟宗三在现代新儒家中的地位就是不可撼动的，在整个儒学发展史中也应占有一定的位置。

二、形著论的内在缺陷

牟宗三将五峰、蕺山与象山、阳明区分开来，单独立为一系，遵循的标准是形著，即所谓形著论。形著的前提是分设心体与性体。心体表现为个人的喜怒哀乐，有个人的主观印迹，所以牟宗三将其规定为主观性原则，为"主观之主"。性体来源于天道，天道是普遍的、客观的，天道落实于个体之中，即为个体之性体，所以牟宗三将其规定为客观性原则，为"纲纪之主"。心体与性体相辅而相成：性体有保证心体客观性的作用，使心体不至于沦为纯主观；心体有保证性体活动性的功能，使性体不至于沦为"死理"。要使这种相辅相成关系得以实现，前提是心体有形著的能力。牟宗三借用《中庸》中"诚则形，形则著，著则明"的说法创立"形著"这一概念，一是表示心体的作用非常重要，只有通过心体的形著才能使性体的意义全部显现出来，否则性体就只是客观的潜存，不能发挥任何作用；二是表示性体的作用不可或缺，只有通过性体才能使心体的客观性得以保证，有其纲纪，否则心体就只是主观的，容易陷入流弊而不能自治。

牟宗三分设心体与性体，再运用形著论将二者结合起来，从表面上看，既可以保证心体有客观性，又可以保证性体有活动性，完整而圆满。然而，在这一美好的景象背后隐含着两个根本性的问题：其一，心体难道只具有主观性吗？其二，性体能否保证心体的客观性？

牟宗三创立形著论，直接起源于他对心体的认识。牟宗三所说的心体，实际上就是孔子的仁、孟子的心，也就是通常所说的良心本心。良心本心是儒家心学的立论根基。历史上受时代条件的限制，人们没有能够对其有一个理论的说明，不明白其真实的性质，也不明白其真正的来源，只是借用孟子的说法称其是"天之所与我者"。心学发展到一定程度后，其内部原先隐藏的问题渐渐暴露了出来。五峰、蕺山便沿用传统的思维方式，另立一个性体、性宗对其加以限制。牟宗三坚持的是同样的思路。在他看来，良心本心自在己身，有强烈的主观性，完全听任主观性自由发展，不加限制，当然容易出现问题。王门后学陷入重重流弊之中，即是惨痛的教训。为了防止发生这种情况，应当借鉴五峰、蕺山的思路，将心体融于性体之中，借用天道、性体的力量，保证心体的客观性，杜绝心学的重重流弊。

我不赞成牟宗三的形著论，同样以我对良心本心的认识作为基础。多年来，我一直坚持主张，良心本心其实只是一种"伦理心境"，即由社会生活和智性思维在内心结晶而成的心理境况与境界。说"伦理心境"是社会生活的结晶，是因为一个人在成长过程中总要受到社会生活的熏习和影响，这种影响久而久之会在心中形成某种结晶体；说"伦理心境"是智性思维的内化，是因为人在成长过程中需要不断进行智性思维，随着这种活动的进行，在内心总会留下一些痕迹。社会生活和智性思维内化的结果，在伦理道德领域就是形成一定的"伦理心境"——这就是儒家通常所说的良心本心。除"伦理心境"之外，人天生就具有一种自然发展的倾向，我将之简称为"人性中的自然生长倾向"。这种倾向在性善论中扮演着不可或缺的角色：它既是"伦理心境"最初的那个附着地，又是"伦理心境"对人自然具有吸引力的最初源头。一个是"伦理心境"，一个是"人性中的自然生长倾向"，二者缺一不可。沿着这个方向发展，将它们有机结合起来，就有希望探明困扰中国哲学两千多年的性善论奥秘。

以"伦理心境"解说良心本心，面临的最大非议是先天与后天的关系问题。按照上面的说明,"伦理心境"是后天的,而儒家良心本心历来都说是"天之所与我者",是先天的,这样在先天与后天之间就有了一个矛盾。对此,我是这样看的:作为"伦理心境"的良心本心虽然是后天的,但却是先在的,即良心本心总是先于伦理道德问题而存在;也就是说,人在正式处理伦理道德问题的时候,良心本心已经存在了。既是后天的,又是先在的,在后天与先天之间就形成一个交叉点,这就是我所说的"时间之叉"。破解"时间之叉",是理解良心本心的重要环节。古人不了解这一环节,虽然可以真切体悟到良心本心的存在,但却并不明白它如何是先在的,同时又因为必须对良心本心的来源有一个说明,有一个形上的交代,所以才借用源远流长的天论传统,将其说成"天之所与我者"。根据现有的理论水平,对于这种"天之所与我者"不应再按古人的思路理解,而应换一个新的思路,"伦理心境"正是沿着这个方向发展而做的一种新的努力。

将良心本心解释为"伦理心境"有重要理论意义。它告诉我们,良心本心不仅是主观的,而且是客观的。良心本心内在于人,我之好善,我之恶恶,当然是我个人的主观倾向,相对于外界而言,具有明显的主观色彩,所以有主观性的一面。这一点必须承认。但同时也应该看到,我之好善,我之恶恶,也具有社会的客观性和普遍性。比如,儒家讲良心本心的一项重要内容是孝亲敬长。孝亲敬长表现于个人内心,表面看确实是主观的,但这种主观内容其实是邹文化这一特定社会生活对个人内心影响的结果。社会生活是客观的,作为其结晶的良心本心一定也有客观性，而不是纯主观的。正是考虑到这一点，我坚持认为，良心本心的形式是主观的，其内容则是客观的。我们不能完全脱离社会生活来谈良心本心，否则良心本心究竟是主观的还是客观的就永远也谈不清楚。那种将良心本心视为主观原则，以与天道性体之客观原则相对应的看法，其实是并不了解良心本心之真实来源的表现。

性体是客观性原则，通过这种客观性原则，可以保证心体的客观性，这是牟宗三形著论的核心观点。按照牟宗三的解释，性体来自天道，天道是道德之所以可能的先验根据和客观根据。这种先验根据和客观根据有两个重要特征：一是"维天之命，於穆不已"，二是"民之秉彝，好是懿德"。前者是说，这一先验根据和客观根据本身即是一个形上的创生实体，这一实体是一个创生性原则，永不停息，活动不已。后者是说，这一实体通过自身的活动，将自身的特性不断赋予个体之上，使个体也具有了它的特性。天道赋予个体之性即为个体之性体。天道是总体地说，性体是个体地说。天道、性体虽然不同，但性质则完全为一，都具有客观性，代表着客观性的要求。正是看中了这一点，牟宗三才不惜花费如此力气来建构形著论，通过天道、性体来保证心体的客观性。

我对牟宗三如此解说天道持保留态度。在我看来，天道并不是一个形上的创生实体，而只是良心本心假借的形上源头。我国自古就有天论的传统，这一传统在殷周之际的变化最为剧烈。周灭商后，如何证明政权的合法性是周代统治者面临的最重要的理论难题。为此，他们创造性地发展了德的观念，提出

"皇天无亲,惟德是辅"的思想,将政权的合法性与统治者是否有德紧密联系起来。这一创造是一个惊天的逆转,从此上天不再固定偏向谁,而是看谁有德。在这一思想指导下,敬德修德成了周人最重要的事情。如果说制礼作乐是周人对中国政治发展史所做的最重要的工作的话,那么彰显德的观念则无疑是周人对中国哲学思想做出的最大的贡献。

周人创造的"惟德是辅"的观念对儒家有深刻影响。孔子创立仁的学说之后,逻辑地蕴含着"人为什么会有仁,仁的根据在哪里"的问题。这无疑是一个极为困难的问题。在这个问题面前,古人面临着很大的困难,但也面临着巨大的良机,这个良机就是先前"惟德是辅"的思想传统。既然天是"惟德是辅"的,那么天与德就有着某种联系;既然天与德有着某种联系,那么人们自然就可以将道德的根源置到天上。于是,在孔子之后便出现了一个以天作为道德之终极根据即我称之为"以天论德"的思潮。在《性自命出》、在《孟子》、在《中庸》、在《易传》,这一思潮都有极为明显的表现。这种情况表明,儒家借用天来说明道德的终极来源,具有思想发展的强烈必然性,因为只有这样才能对这个问题来一个终极性的了断,才能使人们的形上要求有一个满足。

但必须清醒地看到,儒家以天作为道德的终极根据从本质上看只是对天的一种借用,是以天对这个理论难题做一个最后的交代,事实上天不可能真的给人以良心本心,将仁义礼智赋予人心。因此,我始终坚持认为,儒家将道德的根据推给上天,其实是受到了古代天论传统影响的结果,是一种"借天为说"的做法。这一做法最大的特点在于一个"借"字。以天作为事物的终极根据，只是一种借用。换句话说，儒家在这方面讲天，只是沿用古代天论的思想传统，将道德的终极根据上推到天，从而满足人们思维的形上要求罢了。天不可能是良心本心的真正终极根据。

既然天并不是良心本心真正的终极根据，而只是一种假借的根源，那么牟宗三以天道、性体来保证心体的客观性，杜绝心学之种种流弊的努力恐怕就要付之东流了。牟宗三借鉴五峰、蕺山的思路，大讲心体与性体，建构起一套由天道到性体再到心体的理论体系，由性体来保证心体的客观性，希望以此来克服和杜绝心学的种种问题。但问题在于，既然天道、性体并不是客观性的全权代表，那么希望以这种办法来达到克服王门后学之种种流弊的目的，就值得从根本上加以怀疑了。明末的蕺山为了克服王门后学之流弊，分离意与念、心与性，做出了极大的努力。经过他的努力，心学流弊确实有所收敛，学风日趋健实。但由于蕺山的理论存在先天的缺陷，所以其努力并未从根本上解决问题。时至今日，牟宗三沿用蕺山的思路创立形著论，尽管更为系统，更加有条理，但理论基础并没有本质的改变，所以同样无法突破这个大限，达到预期目的。事实上，心学发展过程中出现的问题，并不由于心体缺乏性体之客观性，而是由良心本心的特质决定的。因为良心本心说到底无非"伦理心境"，"伦理心境"来自社会生活的影响和智性思维的内化，这就决定它还必须不断提高自己，而不能故步自封，自我满足。因此，心学发展中滋生的问题可以借助其他办法，特别是大力发展智性，以智性对其抽象提高的办法，而不宜用空讲性体的办法来解决。

总之，牟宗三创立形著论明显是"接着"蕺山讲的，目的是在五峰、蕺山学理基础上建构一种理想的理论形态，以解决儒家心学发展过程中滋生的重大问题。尽管牟宗三的这种做法主观愿望非常好，立意非常高，但是其致思方向并不值得提倡，因为性体并没有能力保证心体的客观性，使其不犯错误，心学后期产生的种种问题也不需要用分设心体与性体的办法来解决。分设心体与性体，不仅不能从根本上杜绝心学发展过程中的种种流弊，而且会滋生一系列新的麻烦，使相关的理论复杂缠绕、曲曲折折，难避叠床架屋之嫌。

三、活动论的内在缺陷

牟宗三将伊川、朱子定为旁出遵循的标准是活动，我将其称为"活动论"。这个标准同样有理论的缺陷，其情况较形著论更为复杂和严重。牟宗三判定朱子为旁出，原本是围绕道德理性的合理性、有效性，即理性如何才能有效保证道德成为可能而展开的。牟宗三注意到，虽然朱子也讲理，但他讲的理没有活动性，不能有效保证道德成为可能。这无疑是一个重大发现，值得特别关注。但牟宗三把这个问题与康德道德自律学说挂起钩来，以此判定朱子为道德他律，情况一下子就乱作一团，难以收拾了。

道德自律学说是康德的一大创造。康德认为，他之前的道德统统为他律,只有他提倡的道德才是自律。所谓自律,就是道德理性自我立法、自我服从,不受任何其他因素的影响。牟宗三认为,儒家早就有了这方面的思想。儒家讲道德有一个基本观念,就是"截断众流",强调成德必须斩断同外界的一切牵连,坚持道德的纯粹性,这与康德道德自律学说本质上并无二致。以此为出发点,牟宗三顺理成章地将康德道德自律学说引了进来,成为其研究儒学的一个重要概念。

引进道德自律学说,大大提高了儒学研究的理论层面,不仅可以从新的视角认识儒学的本质,而且可以看到儒学与康德哲学的相通之处,是一个重要进步。但在这个过程中也出现了明显的水土不服。在康德哲学那里,要坚持道德自律,坚持道德的纯粹性,就必须排除情感。这里所说的情感,既包含幸福情感,也包含道德情感。幸福情感本质上属于幸福原则,属于利欲部分,本不被包括在道德原则之内,这一点好说。道德情感的情况就不同了。在康德哲学那里,道德情感主要指对道德法则的敬重和成就道德之后内心的愉悦。康德尽管很看重道德情感,但经过一番反复思考之后,还是把它排除在道德原则之外,强调道德自律不能包含任何情感。与此不同的是,儒家道德学说不仅不排除道德情感,而且将道德情感作为其学说的重要组成部分。康德哲学与儒学的这种不同非常明显。如果像康德那样将道德情感排除在外,儒学就不成其为儒学了。

牟宗三也看到了这个矛盾,站在儒家的立场上对康德提出了严厉批评,认为康德没有把情感问题处理好,是"尊性卑心而贱情"者,有重大缺陷,远不如儒家境界浑厚圆融。为了解决这个问题,他提出了将情感"上下其讲"的办法,强调情感可以分两头讲,向下讲落在感性层面,属于幸福原则,这种情况必须排除;向上讲则提至理性层面,属于道德原则,这种情况不能排除。儒家十分重视的情感是向上讲的情感,是一种道德情感,不仅不应该排除,而且必须大力彰显。牟宗三认为,通过这样一番努力,康德与儒家的矛盾就可以弥合了,因此完全可以借用康德的道德自律学说来研究儒学。

牟宗三的这种做法只是在表面上弥补了康德哲学与儒学的不合,而并没有从根本上解决问题。牟宗三引入道德自律学说的根本目的是说明朱子学理有不足,不能被称为道德自律,而只能被称为道德他律。如果严格按照康德道德自律必须排除情感的标准来衡量,那么朱子当然不配称为道德自律;但是,孟子一系也讲情感,所以同样配不上这个崇高的称号。问题的核心并不在于是否可以将情感上讲或下讲,而在于这种做法无法彰显儒学与康德哲学之间的原则区别。按照康德的看法,为了坚持道德的纯粹性,必须排除情感,这是一个基本原则。儒学讲道德却必须讲情感。采用"上下其讲"的办法,将情感上提到理性层面,在道德理性中加入情感,固然可以暂时适应儒学的胃口,但却不能合乎康德哲学的要求,甚至可以说是从根本上否定了康德道德哲学的基本原则。康德排除道德情感并不是他一时糊涂,没有把问题想清楚,而是受感性与理性两分格局限定不得不做出的一种无奈选择,要康德在道德理性中加入情感,就等于让他否定这种两分格局。儒学讲道德并不排除情感,根本原因在于其遵循的并不是西方的那种感性与理性两分格局，而是儒学独有的欲性、仁性、智性三分的结构。牟宗三将情感"上下其讲"，没有看到这一层，只是一种折中的办法，当然就没有办法从根柢处对问题有一个彻底的解决了。

牟门弟子为了维护师门，对其师多方加以辩护，其中一个做法是将自律分为狭义、广义两种。狭义自律是康德原本意义的自律，这种自律不能加入情感。广义自律是康德之后西方哲学对康德哲学的改进和发展。这种自律一方面坚持康德哲学的基本原则，一方面又承认在道德理性中可以而且应该加入情感。依据这种划分，儒家心学仍然可以说是道德自律，即广义的道德自律。朱子一系不能被称为道德自律，并不是因为其承认情感，而是因为其没有一个独立的道德主体。这种辩护固然维护了牟宗三的主张，然而却引出了一个更大的问题。朱子一系并不是没有一个独立的道德主体，其主体按照牟宗三的划分就是"性即理"的那个性体。在牟宗三那里，性是一种存有性的原理，人们可以通过认知之心认识到它，但它本身没有活动性。朱子一系的学理问题不在于有没有一个独立的道德主体，而在于这个道德主体由于缺少道德本心的引导而没有活动性，不能有效决定道德。如果以有没有一个独立的道德主体来划分自律或他律，朱子一系同样有自己的道德主体（尽管这个道德主体有其缺陷），同样可以被称为道德自律，而不能被称为道德他律。这样一来，牟宗三将朱子判定为道德他律的整个努力就化为乌有了。

道德他律的情况更加混乱。牟宗三判定朱子为道德他律，当然不是说朱子的道德学说追求幸福原则。他在这方面选取的标准相当奇怪,这个标准用他自己的话说就叫作"就知识上之是非而明辨之以决定吾人之行为是他律道德"。牟宗三的这一说法直接表明了他在这个问题上的基本思想:凡是从认知出发以知识上之是非决定的道德,即是道德他律;反之,并非从认知出发以知识上之是非,而是以道德本心决定的道德,即是道德自律。

这个标准蕴含着极大的危险,直接导致了牟宗三道德他律思想不得不面对这样一种困境:康德也成了道德他律。康德哲学是启蒙运动的产物。在那个时代,人们对理性充满信心,认为理性可以发现事物的规律,解决世间的一切问题。康德深受这种时代思潮的影响,以发现自然规律和自由规律为一生的职志。虽然康德道德哲学不以经验知识为基础,但也不能完全离开认知,离开知识。这是因为,在康德看来,在社会生活当中存在着一种普通的道德理性知识,这种知识虽然很重要,但其层面还不高,还只是一般的、粗略的,尚未经过反省和抽象的普通知性,即普通的道德理性知识。哲学家的使命应当是在此基础上,将普通的道德理性知识进行实践理性批判,进一步分析、抽象、提升,从中发现自由的规律,使其上升为真正的哲学知识。康德的这种方法一般被称为哲学式反思,但哲学式反思本质上也是一种认知,一种不同于经验认知的认知,一种对理性自身的认知。这种认知必须通过分析综合、逻辑推证,必须借助语言这个中介,而不能通过智的直觉进行。

康德这种致思方式从大的方向上看与朱子有着一定的近似性。康德强调,在社会中存在着普通的道德理性知识,我们当然要了解它们，但光有这些还非常不够，还必须上升一步，使其成为真正的科学。换作中国哲学的背景，这种思路其实大致就相当于朱子讲的"以其然求其所以然"，"因其已知之理而益穷之"。朱子非常重视认知。在他看来，如果只是行孝悌、忠恕而不知其理，那么孝悌、忠恕只是死物，只是常人之所为。只有走大学之道，以其然推其所以然，强调格物、致知、博学、审问，才能知这些行为背后的许多道理，孝悌、忠恕才是活物，才是君子之所为。朱子的这个思维过程，与康德从普通的道德理性知识出发，抉发最高的道德法则，在思维方式上有一定的相通性。因为他们的思维方式都离不开认识人的行为规律，差异只在于康德将这个过程称为分析方法，朱子则将其叫做"以其然求其所以然"，"因其已知之理而益穷之"。如果牟宗三因为朱子重认知，是以知识讲道德就判定其为道德他律的话，那么康德的道德哲学事实上也离不开认知，离不开知识，也应该被判定为道德他律，而不能被称为道德自律。这样一来，麻烦就大了。

通过以上分析不难看出，牟宗三在借助康德学说研究儒学的过程中，由于对道德自律和道德他律两个重要概念的理解存在瑕疵，不得不面临重大的困境。《贡献与终结》第二卷第五章第四节第一小节"一个始料不及的局面"中的一段话描述的正是这种状况："通过上面的分析，我们已经明确看到，牟宗三道德自律学说同时受到了正反两个方面的夹击：原本是想证明孟子为道德自律的，经过细致的理论比较后，却发现孟子重视情感，而康德道德自律学说排除情感，孟子的情况反倒更像是康德批评的道德他律；原本是要判定朱子为道德他律的，但经过认真的理论分析之后，却发现牟宗三关于以知识讲道德即为道德他律的说法其实并不符合康德道德哲学的基本精神，而且如果严格坚持这个标准的话，康德也难避道德他律之嫌。这个尴尬的局面的确是令人始料不及、非常难堪的。"

这种左右为难的情况明确说明，我们必须对牟宗三以道德他律判定朱子为旁出的真正意图重新加以审视。牟宗三批评朱子，关键是说朱子对于孟子的道德本心之义缺少深切的体会，其理论中这一块比较弱，使其理论失去了活动性。这确实是朱子学理的致命伤。依据牟宗三学理，在性体和心体的关系中，性体虽然十分重要，但其本身没有活动性，其活动性要通过心体来保证。恰恰在这个关键性的环节上，朱子出了问题。朱子当然也讲心，但他对孟子的心缺乏深切的体验，讲心偏向了认识方面，成了认识之心。认识之心只是一种认知的能力，通过它可以寻求道德之所以然，认识道德德目背后的很多道理，而道德本心自身就是道德的本体，不再需要借助外在的认知即能创生道德。如果只讲认知之心，不讲或不重视道德本心，认知之心本身无法成就具体的德行。朱子在这个关键环节上出了问题，其理成了"死理"，失去了道德的活力，这也就是牟宗三反复讲的"只存有不活动"。透过牟宗三对朱子的一系列批评可以得知，牟宗三对朱子的不满，实际上是嫌朱子的理无法直接决定道德善行，在这方面没有兴发力，没有行动力，绵软无力。这也就是我所说的"道德无力"。在我看来，"道德无力"才是牟宗三批评朱子的真正意图，而道德他律不过是误为朱子戴的一顶帽子,阴差阳错而已。

牟宗三对道德他律概念的运用显然没有严格遵循康德道德哲学的基本精神。人们当然可以为其开脱,说这是牟宗三自己的一种诠释。但任何诠释都应该不违背对象的基本精神,而牟宗三对道德他律的理解与康德的文本含义相距过于遥远,甚至可以说有原则性的冲突。鉴于这种巨大的反差以及由此造成的极大混乱,我还是主张,与其冠冕堂皇地将其视为牟宗三在六经注我,"依义不依语",不如实实在在地承认牟宗三在这里确实是把康德读错了。

四、三系论思想方法的不足

最后再来探讨一下三系论失误的思想方法的原因。我认为,坚持感性与理性两分的思想方法是牟宗三三系论失误的主要原因,三系论的重重困难都与这种方法有直接的关联。

牟宗三在道德自律问题上遇到的麻烦,就是由此造成的。尽管康德也重视道德情感问题,强调道德情感非常重要,但在感性与理性两分的结构中,无法为道德情感找到一个合适的位置,最后不得不将其舍弃。儒学之所以重视而不排斥道德情感,重要原因是儒家心性之学多了一个仁性。仁性就是良心本心,也就是"伦理心境"。在"伦理心境"的形成过程中,社会生活中一般的好善、恶恶的情感也被带入内心,从而使每个人都有好善、恶恶的情感。儒家不仅不排斥情感,而且非常重视情感,根本原因就在这里。牟宗三尽管看到了在这个问题上儒学与康德哲学有所差异，但他不明白这并不简单是一个情感问题，而是两分结构与三分结构的差异问题。我之所以反复强调牟宗三"上下其讲"的办法不足以解决问题，就是因为在感性与理性两分的前提下，即使将情感上提了，做成了一个加法，仍然会面临情感的个体性、直觉性与理性的普遍性、逻辑性的矛盾，仍然很难为情感找到一个合适的家。

牟宗三在道德他律问题上误解康德，也与此有关。朱子之学因为重视"以其然求其所以然"，"因其已知之理而益穷之"，强调读书明理、格物致知，确实有重认知、重知识的特点，但这并没有什么不对。康德进行实践理性批判，运用分析方法将普通的道德理性知识上升到哲学的道德理性知识，进而发现人类行为的规律，也离不开认知，离不开知识，当然这是一种不同于经验认知的特殊认知和特殊知识。康德只是反对将道德法则建立在经验基础之上，并主张在信仰问题上悬置或扬弃知识，而不是一概拒斥知识。如果将道德他律的标准定在是否以知识讲道德上，那么康德也将落入道德他律的陷阱，而不能成为他自己所崇尚的道德自律。假如牟宗三不是借用道德他律这样一个含混不清的概念，而是直接批评朱子学理中没有仁性的指导和鞭策，因而缺乏兴发力，无法有效保证道德成为可能，是"道德无力"，那么围绕自律和他律而产生的一系列疑云就顿时可以化解，隐藏在其背后的深刻理论意义也将被充分彰显出来。

两分方法最严重的后果是轻言正宗旁出，无法达到综合圆成之境。历史上，儒家心性之学主要有两派，一是心学，一是理学，一个是仁性伦理，一个是智性伦理。这两派都可以在孔子学理中找到根据，都有自己的道理。但在历史上，由于门派之争，心学与理学互不相让，加上近代以来受西方两分方法的影响，认定只有理性才能成为道德的根据，而理性只有一个，于是就有了正宗旁出的划分。这种做法其实完全没有必要。孔子创立儒学，并没有把人划分为感性、理性两个部分，而是将人实际区分为欲性、仁性、智性三个部分。这三个部分各有自己的位置，各有自己的作用。欲性的作用是负责人的生存，仁性的作用是听从良心本心的指令，智性的作用是发挥狭义理性即学习和认知以及后来由此引申出来的哲学式反思的功能。这三个部分的后两个部分并非互相排斥的，而是相互补充的，绝无正宗旁出之别。如果说伊川、朱子不合于孔子的仁性是旁出的话，那么象山、阳明同样不合于孔子的智性，也未必不是旁出。牟宗三没有看到这一层，强行划分正宗旁出，表面上看立意很高远、立场很坚定、界限很明确，但其实仍然是站在心学的立场上说话，仍然是隅于一偏而不自知。尽管牟宗三也提出了以纵摄横、融横于纵、以直贯横、融而为一的方案，希望以此将心学与理学来一个大的综合，达至圆成之境，但由于思想方法有缺陷，起点不高，门庭不广，所以目的无法达到自然就是难以避免的了。

往深处看，牟宗三之所以坚持两分方法又直接源于他对良心本心的认识程度。良心本心是儒家心学的立论根基，对于这个根基历史上儒学家们只是说明它如何重要，教导人们如何体悟，如何按照它的要求去做，等等。孟子如此，象山如此，阳明如此，牟宗三也是如此。在这一点上，牟宗三并没有超越前人。尽管他对良心本心有深切的体悟，对良心本心有简洁的阐发，特别是他得熊十力的教诲而对当下呈现的论述堪称20世纪儒学发展史上的一个典范，对后人产生了深远的影响，但他只是沿用古人的思维方式，没有对良心本心做深入的探讨，没有一个理论上的交代，因此并不明白良心本心的真正来源和真实性质。这个缺陷对牟宗三的影响可以说是致命性的。一方面，他在看到心学发展过程中出现流弊的时候，为了救治，不得不借用五峰、蕺山分立心性的思路，大力高扬天道和性体的作用，希望用天道和性体来保证心体的客观性，建构形著之论，使其思想在这一点上仍然停留在三百年前的水准之上。另一方面，他没有看到良心本心与康德实践理性的本质差别，直接将良心本心等同于康德道德哲学中的理性，不加怀疑地将西方普遍流行的感性与理性两分格局移植过来，在情感以及自律和他律问题上造成混淆，从而为三系论的失误埋下祸根。

总而言之，牟宗三在创立三系论的过程中处处显露出超人的问题意识和洞察能力。他所提出的杜绝心学发展过程中的双重流弊、道德理性如何才能具有有效性这两大问题，具有深远的理论意义，不愧为学术大家，足以赢得人们的尊敬。遗憾的是，他看对了病，但开错了药方，也叫错了病名。所谓"开错了药方"，是说由于不明白杜绝心学流弊的根本之法，把解决问题的办法完全归到天道和性体上去了；所谓"叫错了病名"，是说因为在自律问题上读错了康德，误把"道德无力"叫成了"道德他律"。这些教训十分深刻。它明确告诫我们，牟宗三停滞于传统方式对良心本心的解说,将良心本心等同于康德道德哲学中的理性,以及由此沿用的感性与理性两分方法,既不足以杜绝心学发展过程中的流弊,也难以避免在自律和他律问题上遭遇的尴尬,无法将理性如何保证道德成为可能这一极有价值的理论初衷表达清楚,更不能达至其所希望的综合圆成之境。牟宗三这种做法的弊端很多,我们至今如果仍然不能清醒地看到这一点,再将克服心学流弊的希望寄托在道体、性体上,再轻易地判定理学与心学何为正宗、何为旁出,再视以朱子为代表的理学一系为道德他律,那么今后最多就只能在牟宗三的思想框架中原地打转。为了将儒学研究推向深入,我们必须做出新的努力,在前人打下的基础上奋力前行。

第三章　存有论*

一、存有论的四个要素及其理论贡献

坎陷论、三系论、存有论以及其后的圆善论、合一论，都是牟宗三儒学思想的重要组成部分，但牟宗三于存有论耗时最久、着力最大、用心最苦。从《认识心之批判》开始，经《心体与性体》，到《智的直觉与中国哲学》《现象与物自身》，乃至《中国哲学十九讲》《圆善论》，牟宗三对存有论的表述不断有所修改和推进。在这个过程中，有四个概念（道德、超越、无执、两层）分别作为形容词对存有论这个主词进行修饰，构成存有论的四个基本要素，最为重要。要了解牟宗三的存有论及其理论意义，必须对这四个要素有充分的掌握。

第一个要素是"道德"。这无疑是最基本、最重要的一个要素。在牟宗三看来，西方的存有论大体从动词"是"或

---

* 本章为《贡献与终结》第三卷第八章，原标题为"综论存有论的意义与不足"，参见：杨泽波. 贡献与终结：第3卷. 上海：上海人民出版社，2014：353-372。

第三章 存有论

"在"进入。一个存在着的物如何构成,有什么特性和样相,追究下来,遂标举一些基本断词,以知一物之何所是,这种相关的理论就叫存有论。西方这种存有论主要从认知问题进入,可以被称为认知存有论。中国没有西方这种存有论,但却有另外一套存有系统。中国哲学不管是儒家还是道家和佛家,都十分关注道德问题,其中尤以儒家为主导。儒家讲道德,当然要关注道德的根据、体认、知行等问题,但除此之外,道德能否对山河大地、一草一木发生影响,也是无法回避的问题。按照儒家学理系统,道德之心有两种功能:其一是创生道德善行,使人成为一个道德的人,这是其道德实践的意义,牟宗三将之叫作"道德实践地说";其二是创生一种存有,将道德之心的价值和意义赋予山河大地、一草一木,使其染上道德的色彩,这是其本体宇宙论的意义,牟宗三将之称为"本体宇宙论地说"。这种由道德之心创生的存有,即是一种道德存有。道德存有,简要而言,是因为道德之心有"充其极"的特性,一定要"涵盖乾坤"而后已,将宇宙万物统统收揽在自己视野之下而形成的存有。道德之心在特定范围内可以被简称为仁心,道德之心将宇宙万物统统收揽在自己视野之下,在传统上又被叫作"仁心无外",而"仁心无外"其实就是一种道德存有论。这样,"道德"就成为牟宗三存有论的第一个要素。牟宗三为道德存有论还起了一个特殊的名字,这就是"道德的形上学"。道德的形上学,简单说就是以道德之心说明天地万物存在之学。在历史上,虽然不断有人谈论这个问题,但大多局限在经验层面,抽象程度不高。牟宗三从存有论的视野对"仁心无外"的思想进行解说,并与西方的存有论进行比照,大大提高了儒家这一思想传统的理论层次,使人们看到儒家很早就有与西方存有论相似的理论,而这种理论又有着自己的鲜明特色,着眼点完全在道德而不在认知,从而极大地促进了理论界在这个方向上的发展。近几十年来,存有论已经成为儒学研究的热门话题,这与牟宗三的努力密不可分。

第二个要素是"超越"。牟宗三在分析儒家存有论时特别强调,这种存有论不是就存在的物内在地分析其存在性,分析其可能之条件,而是就存在着的物超越地明其所以存在之理。换句话说,中国的存有论重点不在就一物的存在分析其存在性,明其如何构造而成,而在明其如何有其存在,明其所以存在的超越的存在之理。这种超越的存在之理,即是生生之理。在中国,一物之存在不以动词"是"字来表示,而以"生"字来表示。"生"即是一物之存在。西方以"是"字为代表的是静态的存有论,中国以"生"字为代表的则是动态的存有论。这种动态的存有论特别关注一物之何所"生",以明一物存在之超越的本源,而这种超越的本源说到底就是超越之天。以此为据,牟宗三明确地将中国的存有论名为"超越存有论",以凸显超越性对于存有论的意义。于是,"超越"就成为牟宗三存有论的第二个要素。牟宗三创立超越存有论可谓用心良苦。过去西方对儒家思想有一种矮化的看法,认为孔子的思想只是道德教条,缺乏形上基础。牟宗三很早就注意到这种情况,为纠正这种看法,反复强调儒学同样具有自己的超越性,绝非只是一般的道德说教,而这种超越性就是天。既然儒家讲道德有其超越性,那么讲存有当然也不例外。道德是由道德之心完成的,道德之心在儒家思想传统中又以天作为形上根据。经过这种起承转换,儒家讲道德存有也就与天有了内在联系。这一环事关重大,不仅有助于打破西方对儒家思想的狭隘之见,而且有助于加深对中国天人合一思想传统的理解。中国哲学历来有天人合一的思想传统,相关论述极多。但中国哲学为什么重视天人合一,这种天人合一最深刻的理论基础是什么,有说服力的成果并不多见。牟宗三特别强调儒家的存有论是一种超越的存有论,一定不能离开天,从而提供了一个新的视角,以帮助人们对天人合一这个老问题进行更为深入的研究。我相信,离开道德存有论,很难真正把握天人合一思想传统。这或许是牟宗三的超越存有论对我们的最大教益之一。

第三个要素是"无执"。这是最为复杂、最为缠绕的一个要素。牟宗三在其思想后期开始关注康德智的直觉问题,其存有论随之也发生了一个重大转变。按照牟宗三的理解,在康德看来,任何经验的形成都必须始于感性直觉。感性直觉由两个方面构成:一是外部对象对感官的刺激,二是作为时间和空间的认识形式。有了感性经验,再进一步用知性的范畴对其加以整理,使之条理化、系统化,就完成了一个认识的过程。但由于受到时空和范畴的影响,认识不可能与对象完全吻合,"总是歪曲了一点的",所以人们只能认识对象的现相,不能认识对象之自己,即所谓物自身。要想达成对物自身的认识,必须有另一种直觉,即智的直觉,但我们人类并不具有这种能力,所以只能止步于现相,不能直达物自身。牟宗三对康德关于人类没有智的直觉的说法十分不满,认为这是康德哲学最大的缺陷。儒家完全不这样看问题,自始即承认人可以有智的直觉。儒家对于本心仁体的体认并不需要借助认识形式,是直接进行的,这种直接进行的思维方式就是智的直觉。扩展开来说,道德之心创生存有同样不需要借助认识形式,其思维方式也是智的直觉。既然是智的直觉,那么道德之心创生的对象就不再是现相,而是物自身。牟宗三由此对"无执"概念进行了自己的解说,特别指出,因为儒家承认人可以有智的直觉,不再受认识形式的限制,所以就破除了佛家所说的执,达到了无执,而以此为基础的存有论就是无执的存有论。这样,"无执"就成为牟宗三存有论的第三个要素。牟宗三对无执存有论这一说法十分自信,认为这是他与康德的最大不同之处,也是儒学之所以超越康德哲学的地方。牟宗三的相关论述向我们提出了一个非常有价值的问题:道德之心创生存有是否需要像康德所说的那样,必须借助认识形式?牟宗三对此持否定意见,强调道德之心创生存有是直接进行的,是直接的赋予、直接的创生。牟宗三这种与康德完全不同的主张,值得深入发掘研究,是其相关思想中最有价值的部分。

最后一个要素是"两层"。在《现象与物自身》一书中,牟宗三明确提出了两层存有论。他提出这一主张,源于对人的有限性和无限性的独特观察。在他看来,康德整部《纯粹理性批判》蕴含着一个基本前提,这就是人是有限的存在。按照这种理解,人只有感性直觉,没有智的直觉,所以不可能达到对象自身,只能达到对象之现相。牟宗三对于康德的这种立场提出了严厉批评,再三申明,中国儒、释、道三家学理虽各有不同,但在承认人的有限性的同时,都承认人可以有智的直觉,具有康德所不承认的无限性。人因为是有限的,具有感性直觉,所以必须经由认识形式才能形成认知。人又因为是无限的,具有智的直觉,所以对于本心仁体的体认以及创生道德的存有完全可以不借助认识形式。有限性决定人必须是执的,无限性又决定人可以是无执的。执与无执都能创生存有,于是就有了两种不同的存有,即执的存有和无执的存有,而相关的理论就是两层存有论。按照两层存有论的模式,人心有两种功能,既有认知功能,又有道德功能。由认知功能创生的存有为现相的存有、执的存有,由道德功能创生的存有为道德的存有、无执的存有。总之,存有不是一层的,而一定是两层的。这样,"两层"就成为牟宗三存有论的第四个也是最后一个要素。到了《中国哲学十九讲》,牟宗三又特意借助《大乘起信论》"一心开二门"的模式来阐述这一思想,强调道德之心可以同时开出"二门",其一为"生灭门",其二为"真如门"。与"生灭门"相应的是现相,是执;与"真如门"相应的是物自身,是无执。这样一来,通过两层存有论的格局,两种不同的存有就得到合理的安排。尽管这种做法在某些具体环节上还可能有不够确切之处,但不可否认,它观察到人有多个不同层面,并将不同的存有安置在这些不同层面之中,具有很强的合理性和发展潜力。在这方面任何轻视的态度和言论都是不负责的,都可能因此错失一个极有价值的理论模型。

二、超越存有论的误区及其方法缺陷

超越存有论是牟宗三存有论的第一个构件。牟宗三创立超越存有论是想表达这样一个思想：儒家学说并非只讲人伦日用之教条，同样也具有自己的超越性，这个超越性就是天，简称为"超越之天"。超越之天有两个作用：其一是决定道德，开道德行为之"纯亦不已"；其二是创生存有，决定宇宙生化之不息。这两个问题虽有不同，但不能完全分开。道德问题决定存有问题，道德秩序决定宇宙秩序。因此，道德秩序与宇宙秩序为一，道德秩序即宇宙秩序，宇宙秩序即道德秩序。为了突出这一思想，牟宗三特别强调圣人在这个过程中的作用。在他看来，人有两种不同的境界：一是自觉境界，一是超自觉境界。自觉境界只涉及一般的道德实践问题，超自觉境界则可以涉及道德存有问题。一般人只能达到自觉境界，圣人则可以达到超自觉境界。圣人达到了超自觉境界，必然"与天地合其德，与日月合其明，与四时合其序，与鬼神合其吉凶"，"体物而不可遗"，"妙万物而为言"，从而体验到圣心无外、天人合一的玄妙之理境。

超越存有论的问题有二。第一个问题是对超越之天与存有论的关系梳理得不够细致。牟宗三存有论的核心是"仁心无外"，旨在说明宇宙万物之存有均是道德之心（仁心）的创造，其实质是一种道德存有论。在建构这一理论的过程中，为了强调超越之天的意义，凸显儒学同样具有超越性，牟宗三特别重视"天心"这个概念,将"仁心"与"天心"联系在一起,主张"仁心"的创造就是"天心"的创造,"天心"的创造就是"仁心"的创造,二者一般无二,共同组成超越存有论的创生主体。这种做法在逻辑上隐含着这样一个问题:究竟是"天心无外"还是"仁心无外"?"天心无外"即是超越之天无外,"仁心无外"则是道德之心无外。尽管历史上儒家总是将道德之心的终极根源归到天上,以超越之天作为道德的形上根据,但超越之天如何能够赋予人道德善性,进而参与创生道德存有的具体过程,赋予山河大地、一草一木价值和意义,则需要认真讨论。牟宗三对这些问题缺乏细致的分疏,直接引用历史上"天心"的说法作为存有论的根据,大讲"仁心无外"即是"天心无外","天心无外"即是"仁心无外",造成理论上的混乱。至少自孔子之后,"天"已不再是一个人格神,这种不是人格神的"天"当然不可能直接创生道德存有。牟宗三似乎也觉察到这里的困难,一方面强调"天"是一个形上创生实体,另一方面又反复申明在这个意义上讲的"天"只是一种"虚说",只有"心"才是"实说"。但既然是"虚说",又如何是"实体"?既然是"实体",又如何是"虚说"?创生道德存有的主体究竟是"天心"还是"仁心",牟宗三没有给出一个合理的说明,这是超越存有论最大的软肋。

超越存有论的第二个问题是过分强调了圣人的作用。为了说明超越存有论,牟宗三特别注重圣人。在他看来,圣人是"道德意识道德践履之最纯然者",可以将道德本体体现得"最充其极而圆满",充分证成此实体的普遍性,实现圣人之心德量无外。牟宗三这种说法具有不准确性。创生道德存有并不是一件多么神秘的事,并非只有圣人才能完成。人只要有德,在观察外部对象的时候,总是以自己的道德眼光,从道德的视角去"看"的,从而用自己的道德价值和意义影响外部对象。这种情况虽然在圣人身上体现得最为明显,但并非只有圣人才有这种能力。牟宗三为了凸显存有论的超越性,过分强调圣人的作用,容易引发误解,好像其所说的存有论极为高深莫测,只有圣人才能成为承担者。这对于人们理解和接受其存有论有一定的负面作用。

上述两个问题紧密相关,不能截然分开,前者为主为因,后者为辅为果。这两个问题之所以存在,往深处分析,与牟宗三对一本论的理解过于陈旧有直接关联。一本论是明道的著名理论,意在强调天与人不二,共同构成创生实体,创生宇宙间的万事万物。一本中首先是天,天无声无臭、生物不测,宇宙间的万事万物均源于它的创造。这是从客观面说。其次是人,也就是人心,具体说就是道德之心,它同样是创生实体,不仅可以创生道德善行,而且可以创生道德存有。这是从主观面说。但天地间的创生实体不能是两个,否则就成了二本,所以明道将客观面与主观面打并为一,强调创生只能有一个源头,不能有两个源头。这就是所谓的一本论。牟宗三对明道的一本论十分认同,评价甚高。在他看来,明道一本论最重要的意义在于确定了一个可靠的本源,这个本源中不仅有超越之天,而且有道德之心。有超越之天,可以保证儒家学说的超越性和形上性;有道德之心,可以保证超越之天具有活动性,不沦为

"死理"。二者为一不二,不能相互分割。超越之天即是道德之心,道德之心即是超越之天。超越之天的创造即是道德之心的创造,道德之心的创造即是超越之天的创造。因此,"仁心无外"就是"天心无外","天心无外"就是"仁心无外"。总之,只有一个本源,没有两个本源。我将牟宗三对一本论的这种解说称为"并列地说"。所谓"并列地说",即是强调天是形上实体,同时又是道德之心,形上实体与道德之心实为一体,共同负责创生的一种说法。以"并列地说"来解释一本论,虽然是历史上常有的一种做法,但有着明显的局限性,没有办法合理说明天在一本论中的真正作用。天究竟在什么意义上发挥作用?是真实地发挥作用,还是虚拟地发挥作用?如果是前者,这种作用究竟是如何体现的?如果是后者,又如何能将其规定为一个实体?这些问题是"并列地说"很难有效回答的。

由此出发,我不赞成"并列地说",而提出一种新的理解,这就是"分析地说"。我提出这种新的理解,源于我对古代天论思想传统的具体考察。根据我的研究,中国古代思想的发展有过一个由"以德论天"到"以天论德"的重要转折。西周统治者在完成克殷的历史使命之后,提出"皇天无亲,惟德是辅"的说法,为其政权寻找合理的依据。殷人因为无德,所以失去了上天的眷顾。周人因为有德,所以得到了上天的护佑。周人这种以德来证明可以得到上天眷顾,从而得到政权的做法,可以叫作"以德论天"。周人政治走向衰落后,其统治者并没有因为无德而受到上天的惩罚,使先前那种将德与天联系在一起,为政权寻找合理根据的做法受到了很大的冲击。但先前的思想传统并没有马上销声匿迹，而是通过一种新的形式继续发挥作用。自孔子创立仁的学说之后，逻辑地隐含着仁究竟来自何处的问题。为了回答这个问题，其后继者不得不上下求索，寻找答案。在这种情况下，先前将德与天联系在一起的思想传统便重新有了用武之地。既然德与天是联系在一起的，那么天理当就有道德性；既然天有道德性，那么仁的终极性根源就只能来自它，而不能来自别处。这样一来，儒家便自觉或不自觉地以天作为了道德的形上根据。《性自命出》《孟子》《中庸》都是这一思路的具体实践者。这种以天作为道德之终极根据的做法，就是我所说的"以天论德"。

证明中国古代思想有一个由"以德论天"到"以天论德"的发展过程，最大的好处是可以帮助我们明白，儒家在这个意义上讲的"天"不是实的，只是虚的。这种情况就是我一再强调的"借天为说"。"借天为说"，重在一个"借"字，实质是借用先前天论的思想传统，对道德的终极根据进行一个交代。这种做法在历史上起到了很好的效果，在很大程度上让人们相信道德的善性真的是上天的创造，进而将原本道德之心对山河大地、一草一木的创造也归于上天，好像上天创生这些对象原本就带有道德的价值和意义似的。究极而言，这种借用的"天"不可能是真实的创生实体，不可能直接创生道德存有。具体创生道德存有的只能是道德之心，"天"只是一种借用、一种信念、一种投射——人的道德之心在完成创生存有的任务之后，因为受先前思想传统的影响，将这个功绩重新投射到"天"的身上。由此说来，我并不否认超越之天的作用，但强调创生道德存有的真正源头只有一个，这就是道德之心，尽管道德之心必须有自己的形上源头。这才是对一本的更为合理的解释。历史上的儒家学者，一方面讲天，一方面讲人，然后强调二者为一不二，坚持一本论，做出了重要贡献。但这种做法其实并不彻底，不客气地说仍然是二本论，当然是一种特殊的二本论。牟宗三受传统思维方式的影响，直接将一本论照搬过来，一方面强调道德之心的创生作用，另一方面又主张超越之天是一创生实体，无法合理解释"仁心"与"天心"的关系，造成了"天心无外"与"仁心无外"的矛盾。虽然他曾试图以"虚说""实说"的办法来解决这个问题，但终因局限于传统思维方式，未能完全达到目的。

三、无执存有论的误区及其方法缺陷

牟宗三存有论的第二个构件是无执存有论。这个构件又可分为三个部分，即智的直觉的存有、物自身的存有、两层的存有。这三个部分各自都有一定程度的失误，有的还相当严重，共同构成无执存有论的理论缺陷。

无执存有论的失误是由康德智的直觉问题引起的。智的直觉与感性直觉在康德学理中是彼此相对的一对概念。感性直觉除必须有时间和空间这些认识形式之外，还必须有对象对主体的刺激以提供质料杂多。这个特点本身就决定了感性直觉是一种被动性、接受性的直觉，它只能依靠对象的刺激才能形成经验，而不能自己创造经验。与此相反，智的直觉则是一种"本

源性"的直觉，意即主体不需要对象的刺激，本身就可以提供质料杂多，形成认识，所以康德又将其称为"本源的直观（觉）"。康德之所以设定智的直觉，主要是考虑到理性的实践目的。《纯粹理性批判》虽然主要是一部关于认识论的著作，但康德并没有将视线完全停留在这里，而是同时考虑到理性的实践目的。为此，他谈到了自由、上帝、灵魂，将它们作为先验理念之本体保留下来。在康德看来，任何一个对象都必须有与之相应的直觉，不然这个对象的存在本身就会产生问题。根据这一思想，为了保证先验理念之本体的落实，必须设定一种与之相应的直觉，这种直觉不能是感性的，而只能是智的直觉，与此同时又必须强调，我们并没有这种能力，所以先验理念之本体并不能成为认识的对象。由此可知，智的直觉在康德那里主要是相对于先验理念之本体而言的，并非指经验知识的对象，即为质料提供源泉的那个对象的自在性状。康德设定这种直觉，不是强调我们没有智的直觉只能认识现相，以此反衬上帝有智的直觉可以认识物自身，而只是说虽然在理论上可以设想一种智的直觉，但我们实际只有感性直觉，如果确实有这种智的直觉的话，那么它只能属于上帝，但对此我们一无所知。

牟宗三不是这样。一方面，他将智的直觉的对象指向经验认知的对象，指向物自身，而这种物自身又有着特殊意义，即所谓价值意味的物自身；另一方面，他将康德设定的智的直觉视为一个事实命题，好像上帝拥有智的直觉是事实似的。更为要紧的是，牟宗三对康德"智的直觉"这一概念之基本内涵的理解存有疑点。在牟宗三看来，人的认识必须始于感性直觉，感性直觉离不开作为时间和空间的认识形式，同时人又需要用知性的范畴来整理感性经验，使之条理化、系统化，最终形成认识。在整个认识过程中，认识形式的作用非常重要。如果没有它们，那么认识只是杂多，毫无条理可言。但这样一来，认识就必然受其影响，不能与对象完全吻合。牟宗三将这种情况叫作"曲屈性"和"封限性"，意即由于有时空和范畴，所以人的认识总要受到制约，从而有所歪曲。人类假如可以具有智的直觉，不受认识形式的限制，那么就可以达到对象自身，而不是停留于现相之上。因此，在牟宗三那里，智的直觉是一种无须范畴、无须时空、没有用相的直觉，是没有"曲屈性"和"封限性"的直觉。以这种诠释为基础，牟宗三对康德提出了批评，指出依据中国哲学的传统，我们完全可以具有智的直觉，可以直达对象自身，而不必停留于现相之上。牟宗三对康德"智的直觉"概念之内涵的这种理解非常独特，其合理性如何，必须慎重对待。

以对康德智的直觉的独特诠释为基础，牟宗三开始了证明人类可以具有智的直觉的漫漫进程。牟宗三论人可以有智的直觉，可分"自觉"和"觉他"两个方面。"自觉"的对象是自我；"觉他"的对象是外部对象，即所谓宇宙万物。牟宗三发现，康德谈的"我"是"我思"之"我"，只是一种逻辑的机能，未能将"我思"之"我"上升为"真我"。这是康德不承认对于自我可以有智的直觉的重要原因。儒家的思路与此不同。儒家将自我视为一个"真我"，这个"真我"就是本心仁体。儒家历来强调，本心仁体可以直接体认、直接证悟。这种直接体认、直接证悟的思维方式，就是康德所不承认的智的直觉，否则儒家的成德就全成了戏谈。我对牟宗三关于"自觉"即是智的直觉的思想，持认可的态度，予以积极的评价，认为这是一个极有潜力的发展方向。然而，我又认为，我们虽然可以对"真我"有智的直觉，但这并不能代表"觉他"的思维方式是智的直觉。"觉他"在牟宗三思想中最根本的含义，是以道德之心"说明天地万物之存在"，即道德之心可以将自己的价值和意义赋予外部对象。这种"说明"并不需要通过认识形式这一中介，是直接进行的。从主体的角度看，这个过程可以说没有"曲屈性"和"封限性"，但从客体的角度看，这个过程就是使对象处在一定的关系中，染上道德的色彩，从而失去物自身的地位，这同样是一种"曲屈性"和"封限性"。所以，即使充分尊重牟宗三对康德"智的直觉"概念的诠释，也很难说"觉他"的思维方式是智的直觉。

如果摆脱牟宗三设下的陷阱，扩大视野，那么我们可以发现，"觉他"的思维方式其实与"胡塞尔现相学意向性的直接性"有一定的相通性。依据现相（象）学的基本原理，意识有其意向性，在指向一个对象的过程中，构形一个对象的存在。由于意识的指向与康德借助认识形式形成认识不同，所以其过程是直接进行的，不需要时空和范畴这些认识形式。将胡塞尔的这一思想放在中国哲学背景之下，并不难理解。中国哲学十分重视心与境的关系，强调境由心生、心外无境。重要的是，这个由心生境的过程不需要借助时空和范畴这些认识形式，是直接进行的，是直接的创生、直接的赋予。将牟宗三的"觉他"从康德系统中摆脱出来，借鉴胡塞尔现相学的学理加以说明，证明"觉他"的思维方式与"胡塞尔现相学意向性的直接性"有一定的相似性，是我的一个重要努力方向。如果这种努力没有原则性失误的话，那么牟宗三关于无执存有即是智的直觉的存有所隐含的问题就显现出来了。纵然我们可以证明道德之心创生存有并不需要借助认识形式，是直接的"看"、直接的创生，但也不能由此证明"觉他"的思维方式即是康德意义的智的直觉。牟宗三没有看到这里的区别，以为不需要时空和范畴这些认识形式，其思维方式就是智的直觉，大谈"觉他"的思维方式即是康德所不承认的智的直觉，进而宣称解决了康德的问题，超越了康德，终于铸成大错。

"物自身"不是一个事实的概念，而是一个价值意味的概念，这是牟宗三关于物自身的一个非常重要、非常奇怪的看法。牟宗三的这种看法源于他对物自身的独特理解。在他看来，是否为物自身关键看有没有时空和范畴。有时空和范畴，其对象即为现相；反之，其对象即为物自身。依照康德哲学的基本原则，我们人类的认识离不开时空和范畴，受其影响，我们的认识只能得其现相，不能得到物自身。如果有一种智的直觉，不受认识形式的影响，那么我们就可以认识物自身。以此为据，牟宗三一再强调，物自身并不神秘，只是与智的直觉相对的那个对象而已。历史上儒家强调的对本心仁体的体认是直接进行的，这种直接进行就是直觉，这种直觉不是感性的，所以是智的直觉。更有意义的是，儒家道德之心创生存有的过程也是直接进行的,也是直觉,这种直觉同样不是感性的,所以也是智的直觉。因为物自身只是与智的直觉相对的那个对象,而道德之心创生存有的思维方式又是智的直觉,所以道德之心创生出来的那个对象就不再是现相,而是物自身。由于道德之心是价值性的,不是认知性的,与事实无关,所以道德之心创生出来的那个物自身也就不再是一个事实的概念,而是一个价值意味的概念。

牟宗三的这一套看法大有讨论的必要。康德的物自身理论是分别针对认识中质料的来源、对象的自在性状可否认识、形上学三个不同问题而言的。因为有这三个不同的对象,所以物自身就有了三种不同的意义。相对于认识中质料的来源而言的物自身,指的是在认识主体之外能够刺激感官引发经验,从而形成经验中的质料的那个对象,可以叫作质料之源的物自身。相对于对象的自在性状可否认识而言的物自身,指的是刺激感官的那个外部对象的自在性状,可以叫作真如之相的物自身。相对于形上学而言的物自身,指的是理性在追求完满和无限的过程中所建立起来的理念,可以叫作先验理念的物自身。第一种意义的物自身即质料之源的物自身,只负责刺激感官引发经验,与事实概念或价值概念没有直接的关联性,可以暂且不论。第二种意义的物自身即真如之相的物自身就不同了,它明显是一个事实概念,因为就其本义而言,它所指的就是能够刺激我们感官的那个外部对象的自在性状,虽然这种自在性状我们人类的认识永远也得不到。第三种意义的物自身即先验理念的物自身,是为了使理性得到满足而寻求的理念,旨在保障理性的实践利益。它因为涉及道德,而道德与价值相关,所以在一定意义上可以说是一个价值意味的概念。由此可知,物自身有不同的义项,究竟是事实的概念抑或价值意味的概念,必须具体分析,不能一概而论。如果贸然断言康德的"物自身"就是一个价值意味的概念,而不是一个事实的概念,那么就难免要犯以偏概全的错误。

其实,牟宗三所说"觉他"的对象为物自身是另有其意的。前面讲过,所谓"觉他",就是道德之心用自身的价值和意义影响外部对象。虽说这个过程是直接进行的,但这种直接进行并不是康德所说的智的直觉,只是大致相当于"胡塞尔现相学意向性的直接性"。如果这个看法可以成立的话,那么自然可以得出这样一个结论:道德之心"觉他"所创生的那个对象并不是什么物自身,而仍然是一种现相,只不过是一种特殊的现相。因为这种特殊的现相关乎道德,而道德又关乎于善,所以我把这种特殊的现相称为"善相"。我在无执存有论上花费这么大的力量,无非是要证明,道德之心创生的根本就不是什么物自身的存有,而只不过是一种"善相"。对于这个问题,这样来想或许更有助于理解。胡塞尔的现相学与康德的认识论有很大不同。胡塞尔强调,意识有其意向性,这种意向性因为不是康德意义的判断,不需要通过时空和范畴这些认识形式,所以可以直接进行,但他从不将意向行为的对象叫作物自身,而是一以贯之地称为现相。这是其理论被冠以"现相学"之名的根本原因。由此说来,尽管牟宗三非常看重自己关于道德之心可以创生物自身存有的这样一套说法,但他所说的物自身与康德的物自身并不具有同质性。康德所说的质料之源、真如之相、先验理念的三种物自身当中,并不含有道德之心创生存有的那个对象。按照康德哲学的基本原则,牟宗三所说的由道德之心创生的存有对象能否被称为物自身,必须打上一个大大的问号。

经过层层推进,牟宗三最终将他的存有论安放在两层存有论的架构之中。在他的思想体系中,人可以分为两个层面:一是有限的层面,二是无限的层面。这两个层面都可以创生存有。有限的层面创生现相的存有,即为执的存有;无限的层面创生物自身的存有,即为无执的存有。我对牟宗三的两层存有论评价很高。因为我们如果对人的不同需要加以分析,那么就会看到,人确实包含多个不同的层面。在这多个不同的层面当中,最重要的是认知和道德这两个层面。与认知相关的是认知之心,与道德相关是道德之心。认知之心和道德之心都可以创生存有,所以人至少可以有两层不同的存有。牟宗三明确将存有分为两层,打破此前人们往往只谈一层存有的局限,在理论上有很大的推进,这一点必须承认并予以充分重视。但同时也应该看到,牟宗三关于两层存有论的具体说法有一定的失误。认知之心可以创生现相的存有,这一点没有问题。问题在于,道德之心如何能够创生物自身的存有?上面的分析已经证明,牟宗三所说的道德之心可以创生物自身的存有这种说法,不能成立。道德之心创生的不过是一种新的现相,即所谓的"善相"。因此,两层存有并不是现相的存有与物自身的存有,而是"识相"的存有和"善相"的存有。往深一步探究,这里的关键尚不在如何称谓，而在如何看待执与无执的关系。执的存有这一层没有疑问，因为认知本身就是一种执，执于时空和范畴。问题出在无执上。牟宗三认为，道德之心创生存有不需要借助时空和范畴，所以相对于认知之心而言即是无执。后来他又以化境论无执，认为人的道德达到一定高度后，便会出现无心为德而成德，无心为善而成善，一切皆是自然的情况，以此创生的存有并没有用相，这种没有用相在一定意义上就是无执，进而证明人完全可以认识物自身，从而超越康德。此时，牟宗三似乎没有想到，道德之心创生存有虽然不是执于认识形式，但仍执于道德之心或道德意识。人的境界达到一定高度后，确实会有"道德而无道德之相"的情况，但"道德而无道德之相"并不等于道德之心创生存有也是"无相"。道德之心创生存有，是将道德之心的价值和意义投射到对象上，使对象染上道德的色彩。这种使对象染上道德的色彩，从特定角度看，就是一种执。正是这个意义上，我才说无执存有的说法原本就是自相矛盾的。既然是存有就不能是无执，既然是无执就不能是存有。牟宗三没有清楚地分疏这里的环节，将两层存有规定为现相的存有和物自身的存有、执的存有和无执的存有，造成了理论上的混乱，直接干扰了人们对两层存有这一十分有价值的理论模型的理解。

牟宗三无执存有论的失误，根据我的分疏，是不自觉地沿着这样一些步骤展开的：第一，对康德智的直觉进行了错误的诠释。康德智的直觉最重要的内涵是"本源性"，强调一种不需要对象刺激即可以形成经验，达成认识的直觉。但牟宗三将思想的重点完全放在时空和范畴的"曲屈性""封限性"上，认定智的直觉是一种可以去除时空和范畴、没有用相的直觉，从一开始就走上了一个不正确的方向。第二，承认人类可以对本心仁体有智的直觉。儒家历来强调，要对本心仁体有所认识，必须通过逆觉体证。牟宗三认为，这种对于本心仁体的逆觉体证，即所谓"自觉"的思维方式，不需要借用时空和范畴，按照他对康德学说的特殊诠释，可以说是智的直觉，并由此断定儒家承认人完全可以有智的直觉。第三，认定道德之心创生存有的思维方式是智的直觉。既然人对本心仁体的体认是智的直觉，道德之心创生存有的过程同样不需要借助时空和范畴，那么道德之心"觉他"的思维方式也是智的直觉。牟宗三大讲"觉他"是智的直觉，根本原因即在于此。第四，由智的直觉大谈"无相"。既然人可以有智的直觉，不需要借助时空和范畴，其创生存有是直接进行的，那么这个过程最根本的特点便是"无相"。"无相"即是没有时空和范畴之相。随后，牟宗三在暗中又有一个转移，这就是以"道德而无道德之相"来证明存有之"无相"。"道德而无道德之相"是说道德达到一定高度后，一切皆成自然，大无大相，对外显不出道德样子的意思，与存有是否"无相"没有直接关系。牟宗三不是这样，他没有察觉到"道德而无道德之相"与存有之"无相"是两类不同的问题，进而直接以前者证明后者。第五，断言道德之心创生的那个对象是物自身的存有。既然道德之心创生存有的思维方式是智的直觉，而物自身又不是别的，只是智的直觉的对象，那么由此宣称道德之心创生的对象不再是现相而是物自身，是"无相"，是物如，是如相，就是再自然不过的事了。第六，宣称两层存有是现相的存有和物自身的存有。人既有认知之心，又有道德之心。认知之心和道德之心都有创生存有的能力。认知之心没有智的直觉，只能创生现相的存有。道德之心有智的直觉，可以创生物自身的存有。二者综合起来，即是现相的存有和物自身的存有。

在这六个步骤中，第一个步骤是整个问题的基础。将智的直觉着重从"曲屈性"和"封限性"的角度，而不是从"本源性"的角度来理解，不仅使牟宗三错误地理解了智的直觉的对象，而且把康德原本是一个批判性的概念当成了事实性的概念，坐实了上帝的智的直觉。这种影响到第二步还没有显现出来，因为儒家对本心仁体的体认确实是一种直觉，这种直觉从较为宽泛的意义上，也可以说就是康德所不认可的智的直觉，尽管这种看法在康德本人看来可能是不被允许的。但从第三步开始，失误就掩盖不住了。道德之心创生存有的思维方式只大致相当于"胡塞尔现相学意向性的直接性"，而不是康德所说的智的直觉，其所创生的对象根本不能叫作物自身的存有。牟宗三没有厘清这里的关系，以"自觉"证"觉他"，将大致相当于"胡塞尔现相学意向性的直接性"说成康德意义的智的直觉，以"道德而无道德之相"证明存有之"无相"，进而断言道德之心可以创生物自身的存有乃至人完全可以认识物自身，并把与《大乘起信论》"一心开二门"相应的两层存有说成现相的存有和物自身的存有、执的存有和无执的存有。不客气地说，这一思路是一步错，步步错，直至将无执存有推入深深的泥潭，难以自拔。

牟宗三在无执存有论上有如此失误，败走麦城，与其思想中存在一种非此即彼的倾向不无关系。这里所说的"非此即彼"，是指当甲乙双方看似矛盾的情况下，因为不符合其中的一方，而断定必然属于另一方，完全排除第三种可能的一种思想倾向。据我观察，这种思想倾向在牟宗三身上较为明显。比如，牟宗三看到道德之心创生存有不需要借助时空和范畴，不属于感性直觉，便认定这种思维方式即是康德所不承认的智的直觉，就是一个有代表性的例子。儒家并不特别关注认识问题，道德之心创生存有的过程不涉及康德所说的认识形式，其思维方式确实不属于感性直觉。在这一环上，牟宗三没有过错。然而，不属于感性直觉，未必就是康德意义的智的直觉，完全可以属于其他的东西，比如属于"胡塞尔现相学意向性的直接性"。牟宗三所理解的直觉与"胡塞尔现相学意向性的直接性"至少在一点上有相通性，即强调创生（牟宗三）或意向行为（胡塞尔）可以不需要通过认识形式而直接进行。但与此同时，也必须清楚地看到，这种思维方式并不因为不是感性的，就一定是康德意义的智的直觉。牟宗三看到道德之心创生存有不属于感性直觉，就一口断定这种思维方式就是康德所不承认的智的直觉，思想方式明显失之简单。现相与物自身的关系也是一样。牟宗三看到道德之心创生存有的那个对象因为不借助认识形式，不属于一般意义的现相，便断言其必是物自身。但是，不属于认识意义的现相未必就是物自身，完全可以属于一种特殊的现相，即所谓的"善相"。牟宗三由不是现相直接跨越到物自身，完全排除了"善相"的可能，顺着前面错误的路线继续向下滑落。执与无执的关系也是同样的道理。在牟宗三看来，人们的认识必须借助认识形式，摆脱不了这方面的影响，这种影响就是一种执，执于现相，而道德之心创生存有不通过这种中介，不受这方面的影响，所以便是无执。然而，不执于认识意义的现相并不等于就是无执，完全可能执于道德意义的"善相"。如果排除上述这种非此即彼的模式，那么就不难明白这样的道理：不属于感性直觉未必就是（康德意义的）智的直觉，还可以大致相近于"胡塞尔现相学意向性的直接性"；不属于认识意义的现相未必就属于物自身，完全可以属于"善相"；不执于认识意义的现相未必就属于无执，也可能执于"善相"。在这诸多环节中，"善相"概念居中枢地位。通过建立这个概念以及将其与牟宗三的相关思想一一比照，我相信（至少我愿意相信），我已经破解了"牟宗三儒学思想之谜"。

走笔至此，不妨谈谈我的一个感觉。读牟宗三无执存有论的著作如同贸然进入一个迷宫，很快就失去了方向，找不到出来的路径，不得不左突右闯，前冲后撤。一旦猛然发现了出口，回身一瞧，原来出口就在入口附近，并没有前进多少，煞是郁闷。牟宗三的存有论思想早在《认识心之批判》和《心体与性体》中就确定了，并有很好的阐述。但后来他不满意自己的思想，开始借助康德研究儒学，从人既有限而又无限入手，大谈人可以有智的直觉，大谈道德之心可以创生物自身的存有，大谈现相与物自身两层的存有，一下子把读者带入了迷魂阵。等到对牟宗三的相关论述进行认真梳理、层层剥笋、一一分辨之后，定神再看，很可能会大吃一惊，原来手中剩下的东西并不是很多，除了道德之心创生存有是直接进行的以及存有包含两个不同层面等内容之外，最重要的思想还是早、中期已经成型的"仁心无外"。由于牟宗三在理论上的失误，我们不得不跟着他七扭八歪绕上很多冤枉路。由此来看，牟宗三写作《智的直觉与中国哲学》《现象与物自身》，借助康德研究儒学，建构无执存有论，花了那么大的功夫，虽然精神可嘉，令后辈晚学佩服，但这些巨大付出不仅没有帮助他将已有的思想进一步阐发清楚，反而摆了一个很大的"乌龙"，将原先还算清晰的思想引入一个乱局，其相关论述盘根错节、复杂万端，遂成为牟宗三儒学思想最为复杂、最为缠绕的部分。研讨牟宗三后期存有论著作，很多时候就像是猜谜。那些复杂缠绕的论述，常常令人感到一头雾水，不仅难以把握其思想真义，甚至很难明白其究竟在说什么。且不要说一般的读者，即使专业研究者也难免遭此厄运。这么多年，这么多人研究牟宗三，但从来没有人明确指出牟宗三一再强调的道德之心创生存有的思维方式既不是康德意义的智的直觉，也不是牟宗三自己所理解的智的直觉，其对象根本不是什么物自身，只是一种特殊的现相即所谓的"善相"，就足以为证。面对这种尴尬局面，我有时甚至驱赶不了头脑中这样的怪念头：牟宗三耗尽半生心血讲智的直觉，讲物自身的存有，语句艰涩，逻辑缠绕，义理曲折，把几乎整个学术界都套了进去，蒙在鼓里，这究竟是牟宗三之过，还是后人没本事、不争气？牟宗三借助康德智的直觉的思想建构无执存有论，其付出和所得远非成正比，在多大程度上算是取得了成功，真的很难说。有学者批评"牟宗三对康德的解读基本上是失败的"①，此话可能过于苛刻，但并非完全没有道理。有鉴于此，尽管无执存有论中的若干环节，如承认"自觉"的思维方式是智的直觉，承认"觉他"的过程是直接进行的，以人心的两种能力安排两种存有的基本架构等，还需要进一步研究和发掘，但其中的一些重要思想，如道德之心创生存有的思维方式即是康德不承认人类可以具有的智的直觉，道德之心创生的存有对象是一种物自身的存有等，已经丧失了发展空间，可以退出历史舞台了。

四、从熊十力到牟宗三：发展与迷失之间

牟宗三存有论的理论贡献及其方法缺陷与熊十力的关系，是一个十分有趣的话题。我们知道，牟宗三长年跟随熊十力，深受熊十力的影响。熊十力不满意佛学以空为基础建立的唯识论，将儒家思想移入其中，以道德本体为整个学说的根基，强调道德本体同样有会物归己、摄所归能的能力，同样可以实现境不离心、心外无境。牟宗三很好地继承了这一思想。当然，在《认识心之批判》和《心体与性体》中，牟宗三还只是沿用熊十力的说法，强调道德之心可以赋予宇宙万物道德的价值和意义，以"呈现""朗照""润泽""实现"等不同说法阐发相

---

① 参见邓晓芒为魏敦友《回返理性之源——胡塞尔现象学对实体主义的超越及其意义研究》（武汉大学出版社，2005）一书所写之序言。

关的道理。从《智的直觉与中国哲学》开始，通过《现象与物自身》《中国哲学十九讲》，直到《圆善论》，牟宗三进一步与康德进行对比，并借鉴西方存有论的思想传统，将新唯识论的基本原理上升到存有论的高度，使相关论述有多方面的重要推进。道德之心创生存有是直接进行的，并不需要借助康德所说的认识形式；心外无境之"心"既可以指认知之心，又可以指道德之心，由认知之心创生之境，是一种现相，可以叫作执的存有，而由道德之心创生之境，属于物自身，可以叫作无执的存有，这些都是有名的例子。由此可见，如果说早、中期牟宗三的工作是继承大于创新的话，那么经过多年的吸收消化，到了后期，他的工作则可以说是创新大于继承。牟宗三的这种创新蕴含着丰富的内容，有很高的价值，不仅将其师的思想大大推进了一步，极大地弘扬了十力学派，而且可以说在很大程度上开辟了一个新的研究方向。十力学派能够在中国哲学史上占有一席之地，牟宗三的作用不可否认，不可抹杀。

牟宗三在继承和发展熊十力思想，将新唯识论提升到存有论高度的过程中，其存有论思想也存在着明显的缺陷。这些缺陷既与熊十力有关，又与熊十力无关。熊十力哲学思想的一个重要特点是坚持天体道体与圣人之心为一。在熊十力看来，天与人为一不二，天体道体是一切存在的本体，圣人之心是人生命的本体，这二者虽有不同，但并无本质之别。在这种理论格局之下，本体既是人生的，同时也是天道的，既属于道德之心，又属于宇宙大化流行。但将天与人捆绑在一起的做法包含着一个困难，即无法确切说明这个创生的主体究竟是天还是人。牟宗三超越存有论的问题即源于此。当然,对这个问题需要细加辨析。牟宗三清楚地意识到熊十力大讲宇宙生化的做法所带来的理论困难,不再着重从宇宙发生学的角度谈论宇宙生化,但他并没有因此从根本上放弃其师在这个方面的论说思路,仍然坚持以超越之天来讲自己的存有论,将超越之天作为创生道德存有的主体,甚至将这一思想表达为"天心"。牟宗三如此说,真正的用意,诚如上面的分析,是希望将儒家的超越性传统保留下来,但他不明白,在这一思想结构中真正发挥作用只是心而不是天,天虽然也有意义,但这种意义只宜从借天为说的角度而不能从创生实体的角度来理解。人们在看到牟宗三大讲天可以创生宇宙万物的时候,很容易想到天通过气化流行创生宇宙万物之本身,而不能理解为道德之心赋予宇宙万物道德的价值和意义,也就是所谓的道德存有论。这个缺陷不能说与熊十力的思想没有一点关联。

牟宗三是一个创辟性很强的哲学家,其思想中存在的一些缺陷与其师并无直接的关联。无执存有论是一个重要表现。如上所说,无执存有论是《心体与性体》之后,经过《智的直觉与中国哲学》和《现象与物自身》而正式提出来的。在这些著作中,牟宗三对康德哲学重新进行了系统的研究。他认为,康德虽然是西方哲学大家,但其思想也多有不精不透之处。这当然不完全是其个人资质之过,而是西方哲学的特殊背景使然。其中最重要的一点便是不承认人可以有智的直觉,而把这种能力归到上帝头上。由于不承认人可以有智的直觉,所以人不能认识对象之在其自己,而只能达到其现相。用佛教的话说,这就是执，而不能达于无执。但中国哲学特别是儒家学说从来都强调对本心仁体的体认是直觉，这种直觉就是康德所不承认的智的直觉。既然如此，往下推论，那么人自然也就可以达到对象自身之相，创生那个叫作物自身的存有了。但我的分析已经证明，牟宗三在这个问题上有大的过失。人对本心仁体的体认是直觉，在一定程度上可以讲这种直觉是智的直觉，但这并不能代表道德之心创生存有的思维方式就是康德所不承认的智的直觉。道德之心确实可以创生存有，这种创生过程也确实不需要借助认识形式，但这种思维方式并不是康德在认识论意义上的智的直觉，只大致相当于"胡塞尔现相学意向性的直接性"。牟宗三由对本心仁体可以有智的直觉，进而认为道德之心创生道德存有的思维方式是智的直觉，将"自觉"这一认识问题混同于"觉他"这一存有问题，直至断言与其相应的对象不再是一般所说的现相，而是物自身，终于造成了其存有论的最大失误。牟宗三这方面的失误完全是自己的原因，与其师并无关系。

由此说来，牟宗三的存有论思想与熊十力的关系应该分开来看。一方面，牟宗三确实能够传熊十力的道，承接熊十力学术思想之衣钵，将心学的真谛大白于天下，将新唯识论的基本精神传承下来。在这方面，牟宗三大有其功，不可否认，不容抹杀。另一方面，牟宗三在反省其师思想的时候做得不够彻底，在如何看待天论的问题上，仍然带有其师的痕迹，其整个诠释工作仍然局限在传统的思维方式上。然而，他在借助康德研究儒学的过程中对康德的一些不正确的理解，则完全是他个人的失误，与其师没有直接关系。从师承传接的角度看，这又是不利的方面。因为按照通常对康德哲学的理解，人们很难明白为什么道德之心创生的存有就是智的直觉的存有，就是物自身的存有，而两层存有为什么就是现相的存有和物自身的存有，进而干扰了对其师熊十力思想的理解。功耶？过耶？功过相混耶？学脉继承之艰难，理论研究之困苦，莫过于此。

第四章 圆善论*

一、圆善论的意义

圆善论是牟宗三花费了很大力气建构起来的,其理论意义自然不可小视。我虽然对牟宗三解决康德意义的圆善问题的具体思路以及自我评价有不同意见,但一点不否认这一理论具有重要的理论意义。

任何一门道德学说都会遇到德福关系问题,儒学也不例外。伯牛染有恶疾,颜渊箪食瓢饮,均是典型的例子。孟子关于天爵与人爵之关系的论述表达的也是同样的道理。孟子虽然没有将天爵与人爵的关系上升到德福一致的理论高度,但牟宗三认为,我们完全可以并且应该借助康德思想来这样思考:天爵为德,人爵为福。孟子高扬德之一面,没有认真思考有德之人如何得到福的问题,但他并不反对有德之人应该有福,得到

---

* 本章为《贡献与终结》第四卷第六章,原标题为"综论圆善论的意义与不足",参见:杨泽波. 贡献与终结:第4卷. 上海:上海人民出版社,2014:211-221。

人爵。因此，必须认真思考德与福的关系，不能视之不顾。特别是在今天，康德早已正式提出圆善问题，要求将福准确地配称于德，这个问题就显得更为重要了。在这种情况下，牟宗三将康德的圆善思想引入儒家的视野，促进了人们的思考。这是圆善论第一个方面的意义。

牟宗三从康德那里引进圆善问题，但对康德讲圆善的方式并不满意。康德为了解决圆善问题，特意设定上帝存在，以上帝作为一个保障。牟宗三对此持强烈的批评态度。在他看来，在康德那里，上帝只是一个理想、一个信念、一个悬设，人们从信仰的角度可以相信它，但没有权利确定其现实可能性，更没有权利将其实体化、人格化，由它来保障德福之间的一致。人们基于情识的要求，需要有一种信仰，这是可以理解的，但不能再进一步把圆善所以可能的根据寄托在上帝身上。康德设定上帝存在，以保障圆善成为可能，明显是基于基督教的文化背景，其理论多有不顺畅之处，不能使人坦然明白。因此，要解决圆善问题，绝不能再走康德的路子。牟宗三在引入康德圆善思想的过程中，批评康德以上帝保障圆善的做法虚幻不实，并不能真的实现，这一批评具有很高的理论价值。这是圆善论第二个方面的意义。

为了解决圆善问题，牟宗三提出了以无限智心取代上帝的思想。在他看来，既然在康德那里上帝只是一种虚的需要，没有真实的可能性，那么完全可以不要这个上帝，而以无限智心取而代之。在中国文化系统中，儒、释、道三家皆有无限智心的观念，皆可以解决圆善问题。其中，儒家思想高出一层，因为儒家有一"敬以直内,义以方外"的道德宗骨,这一宗骨有极强的创生性,在其创生之下,宇宙万物才能具有道德的意义,一切事物才能由无变为有。在德福关系的视域,这种创生也有重要作用,因为这种创生可以发生"物随心转"的效应,使人们对成就道德所做出的牺牲有一种新的看法、新的理解,将原本的苦和罪转变成道德之乐。这种道德之乐也是一种福,可被视为一种特殊的"福报"。这样一来,一方面有了德,另一方面有了福,德福便完全圆融一致了。尽管牟宗三为解决圆善问题提交的答案有一些需要商榷的地方,但他为此付出的巨大努力则不可轻视,近代以来在这方面尚无人能够与之比肩。这是圆善论第三个方面的意义。

更为重要的是,由于牟宗三在这方面做出了巨大努力,所以人们不得不考虑这样一个问题:道德幸福究竟是如何产生的?在道德生活实践中,人们很容易感受到,在不可兼得的情况下,成全大体必须牺牲小体,成就道德往往意味着需要在物欲方面做出牺牲。如此说来,成就道德只是一种苦、一种罪。但如果只是这样的话,那么在实际的道德生活中,为什么人们要主动忍受这种苦和罪,甚至使其成为自己的自愿行为?道德生活如何在这种苦和罪的"煎熬"下得以继续、绵延不绝?牟宗三通过"诡谲的即"和"纵贯纵讲"的方式,对这个问题提交了自己的答案。尽管我们可以对"纵贯纵讲"这一存有论的思路持怀疑态度,甚至完全不予接受,但无法否认的是,其"诡谲的即"的思路还是大大开阔了我们的视野,使我们对历史上儒学常讲不断的乐的问题予以新的思考。通过这种思考,我们发现儒家所说的乐大有学问。自孔子创立仁的学说之后，孟子进一步提出了性善的理论。这些理论告诉我们这样一个重要的道理：人原本就有仁，就有良心，仁和良心有自己的要求，道德绝对不是完全从外面强加给我们的，追求道德是人性自然的要求。一言以蔽之，人天生是一个道德的存在。一旦满足了自己的道德要求，就如同满足了物欲要求和事业要求一样，内心会有一种满足感，有一种愉悦感。这种满足感，这种愉悦感，就是"道德之乐"或"道德幸福"。这是儒家对"孔颜乐处"特别重视、津津乐道的根本原因。孔子历经坎坷，孟子屡遭不顺，仍然始终充满着快乐，这种奇特的现象只有从这个角度才能得到充分的理解。人生的乐趣、人生的意义，恰恰就在这里。这一切都是由牟宗三的圆善论引发出来的。如果没有牟宗三的圆善论，那么我们当然也会讨论这一类问题，但很难达到如此的深度和广度。这是圆善论第四个方面的意义。

在以中国哲学智慧为基础解决康德圆善问题的过程中，为了"有所凭借"，较为省力，同时也为了更好地彰显孟子思想的底蕴，使人容易理解，牟宗三不取"依概念之分解纯逻辑地凭空架起一义理系统"的方式，而是采取了"疏解经典之方式"（《圆善论》，序言第10页，22/12）。在此过程中，牟宗三对《孟子·告子上》，以及心、性与天与命，所欲、所乐与所性诸篇进行了详细的疏解。尽管前人在这方面多有研究，成果很多，谓之汗牛充栋亦不过分，但牟宗三的这些疏解极见功力，非常精辟。其中对不少篇章，如心、性与天与命，所欲、所乐与所性的解释，已经超越前人，不仅有利于圆善问题的研究，而且成为研究孟子不可不读的重要材料，大大推进了孟子学研究。这是圆善论第五个方面的意义。

二、圆善论的缺陷

圆善论存在的理论缺陷，归纳起来看，主要表现在如下几个方面：

其一，概念滑转。与圆善问题相关有两种不同的幸福：一是物质幸福，一是道德幸福。物质幸福是指在现实生活中得到实际的物质享受。康德设定上帝存在，所希望得到的就是这种幸福。道德幸福是指成就道德后内心的满足和愉悦。不管佛家、道家，还是儒家，在成就了各自意义的道德之后，内心都会感受到一种满足、一种愉悦。这种满足和愉悦本身就是一种快乐，也可以说是一种福。牟宗三下大力气梳理出"诡谲的即"和"纵贯纵讲"这两个概念，希望以此来解决圆善问题，但通过这两步所能达到的只是道德幸福，而不是物质幸福。单就儒家来说，成就道德并不是一帆风顺的，很可能会受到挫折，甚至付出生命的代价，但经过一种辩证的转化，这些付出可以转化成内心的满足和愉悦，这种满足和愉悦就是儒家孜孜以求的"孔颜乐处"。但必须注意，"孔颜乐处"只是精神性的，而不是物质性的，只是道德幸福，而不是物质幸福。

牟宗三非常清楚，在康德那里，幸福是属于"物理的自然"，是属于"气"的（《圆善论》，第 239、230 页，22/235、226），也就是上文所说的物质幸福，但他无法接受康德设定上帝存在以保障这种幸福的做法，所以才通过"诡谲的即"和"纵贯纵讲"来建构儒家意义的圆善。但这里有这样一个问题：康德圆善所要保障的是物质幸福，而牟宗三通过"诡谲的即"和"纵贯纵讲"所能得到的只是道德幸福。通过"诡谲的即"和"纵贯纵讲"确实可以使"一切存在之状态随心转，事事如意而无所谓不如意"（《圆善论》，第325页，22/316），从而得到一种福，但这种福只局限在精神领域，而不能达到物质领域，更不能代替物质领域中的幸福。道德幸福与物质幸福是两个不同的领域，二者可以相互作用、相互影响，但不可以相互替代。有了物质幸福不一定就能有道德幸福，有了道德幸福也不一定就能有物质幸福。即使我们完全接受牟宗三的思路，他所能解决的也不是康德意义的圆善，而只是自己意义的圆善，不是物质意义的圆善，而是精神意义的圆善。学界关于牟宗三圆善问题的解决究竟是主观的还是客观的争论，皆由此而来。造成这种失误的原因十分诡异，需要认真探究。根据我的判断，一个重要因素是在幸福的性质上发生了混淆。在牟宗三看来，康德的幸福是属于物理的自然，属于物自身的，康德虽然没有办法真正证明这种幸福，但也讲过上帝可以而且只创造物自身，不创造现相，因为上帝具有智的直觉。儒家则不同，儒家认为人既有限又无限，可以有智的直觉，与智的直觉相对的对象即是物自身，所以道德之心创生存有过程中赋予出来的那个幸福便不再是现相，而是"物自身义的物""物自身层之自然"。因为这种属于物自身的幸福康德无法证成，但他通过努力证成了，所以牟宗三才自信地认为，他解决了康德未能解决的问题,超越了康德。《圆善论》在概念方面的滑转是十分严重的,如此严重的概念滑转很难想象出自牟宗三这样重要的哲学家之手。

其二,进路有偏。如上所说,牟宗三解决圆善问题的基本思路是"诡谲的即"和"纵贯纵讲",其中更为重要的是"纵贯纵讲"。以"纵贯纵讲"说圆善,其实就是以存有论说圆善。存有论是牟宗三圆善思想的理论基础。所谓以存有论说圆善,简单地说是这样一个思想:道德之心是一活物,不仅可以创生道德善行,而且可以创生道德存有;在这种创生之下,原本没有道德意义的宇宙万物被赋予了道德的意义和价值,同时也改变了人们对成就道德过程中所做出的牺牲的看法,原先被视为的苦和罪变为一种满足和愉悦,成为道德幸福。由于牟宗三将道德幸福视为道德之心在创生存有的过程中的一种赋予,所以我将其概括为"赋予说"。

作为对道德幸福生成机理的一种说明,"赋予说"自然有其意义。这是因为,道德之心创生存有具有理论和实践的必然性,人们一旦完成道德存有的创生,观看问题的视角就会发生改变。但我坚持认为,道德存有并不是道德幸福产生的最重要的原因。道德幸福主要不是由道德之心在创生存有的过程中赋予的,而是道德之心成德行善的内在要求得到满足的结果。我将后面这种说法叫作"满足说"。儒家一贯坚持认为,人人都有良心善性,这是每个人成就道德的根据,是每个人原本固有的道德本体。道德本体遇事定会呈现出来,向人们提出要求,迫使人们按照它的要求去做。人们如果果真这样做了,那么就满足了它的要求,同时就会感到满足和愉悦,这种满足和愉悦就是道德幸福。这种幸福的得来并不特别难理解。如同人有利欲要求、事业要求,一旦经过努力,这些要求得到了满足,就会得到利欲幸福和事业幸福一样,道德幸福也是道德要求得到满足的结果。这种满足和愉悦在一般情况下可以直接得到,但在一些特殊情况下则需要经过一种转化。因为成就道德有时必须做出牺牲,忍受很大的痛苦,但也正因为这样,其意义才更大,从中得到的道德幸福的指数才更高。作为道德幸福的生成机理,依据我个人的理解,"满足说"较之"赋予说"可能更为直接,更为深入,也更利于说明问题。正因如此,我才认定,牟宗三以"赋予说"解释德福关系,思路有偏于一边、未及根本之弊。

其三,易生误解。以存有论解说圆善问题,不仅偏于一边,而且容易造成误解。牟宗三在解决儒家圆善问题的时候特别强调"纵贯纵讲"的重要,以与佛、道两家的"纵贯横讲"相区别。儒家之所以属于"纵贯纵讲",是因为儒家义理的圆教必须紧扣仁而讲,由道德意识入手,有一道德创生的宗骨,由这一宗骨讲道德的创造、道德的润生。更为重要的是,儒家"纵贯纵讲"系统的创造和润生是通过无限智心进行的,无限智心的思维方式是神感神应,是智的直觉,根据"在知体明觉之感应前俱是物自身"(《现象与物自身》,第117页,21/122)的思想,物自身不是别的,只是明觉之感应的对象,只是智的直觉的对象,于是由无限智心创生的对象便不再是现相,而是物自身。牟宗三认为,无限智心于神感神应中润物、生物,使物之存在随心转，这即为自然王国，"此自然是物自身层之自然，非现象层之自然"，"是实践中物自身义的物，相应于明觉之感应而说者"（《圆善论》，第 333、319 页，22/323、310）。这些说法极易造成混淆。因为在一般人的理解中，物自身的一个重要义项是通常所说的自然之物，确切地说是那个能够为质料提供源泉的对象，但在这里牟宗三却大讲"明觉之感应为物"的"物"是物自身意义的，而非现相意义的，加上与康德圆善相关的幸福原本就是物质意义的，是属于"物理自然"的，是"属于'气'的"，读者弄不好会由此产生联想，怀疑牟宗三是否在主张道德之心通过智的直觉直接创造宇宙间之自然万物，使自然万物发生物理特性的改变，以满足人们的需要，达成德福一致。但依据常理，这是根本不可能的。

其实，牟宗三所说的物自身有其特殊所指，并非指能够为质料提供源泉的那个对象，而是一种价值意义的东西。道德之心同认知之心一样，都有创生存有的功能，都可以对宇宙万物发生影响，使原本没有道德意义的对象具有道德意义。不同之处在于，认知之心所创生的是认知意义的对象，道德之心所创生的是道德意义的对象。在哲学领域，受到西方现相学的影响，人们对认知意义的对象谈得较多，对道德意义的对象谈得相对较少。牟宗三的贡献在于，他继承熊十力的思想，一再强调道德之心同样具有创生功能，能够创生宇宙万物。这是非常有意义的思想。但遗憾的是，牟宗三对康德物自身思想的理解和表述有欠准确，没有把这种由道德之心创生的有道德意义的对象视为一种特殊的现相，而是直接称之为"物自身层之自然""是实践中物自身义的物"。这很容易造成混乱,使读者怀疑道德之心何以会有如此大的神功,可以直接创生为质料提供源泉的那个对象的物自身的存在,进而使这种存在随心而转,产生幸福。其实,牟宗三绝不是这个意思。他只是说,道德之心可以创生万物之存有,在这个过程中同时也可以改变人们对成德而付出的牺牲的看法,将一般视之为苦和罪的事物变为满足和愉悦,成为一种特殊的幸福。但他的存有论有着内在的缺陷,对智的直觉的理解有一定的偏失,主要以有无时空和范畴来诠释这个概念,直接将这种由存有论赋予出来的幸福称为"物自身义的物""物自身层之自然"。按理说,康德的圆善思想并不特别复杂,但牟宗三的《圆善论》却曲曲折折、十分难解,其程度甚至远远超过康德《实践理性批判》中的相关论述。牟宗三的表述有欠准确,易生误解,是一个无法回避的原因。

其四,判教失准。《圆善论》的一个重要特点是,借助佛教判教观念,判别儒学各个学派的圆与不圆,以圆教来解决圆善问题。抑阳明,扬龙溪,是这一特点的生动反映。牟宗三这样做的根本理由在于,阳明只讲四有,龙溪则进了一步,更讲四无。四有只重"意之所在为物",这种物是行为物,不涉及存在,所以不能达成圆善。四无就不同了,重"明觉之感应为物",必然涉及存在,可以由此进入圆善领域,解决圆善难题。明觉感应是神感神应,是智的直觉,在四无之境中可以做到"物随心转","物边顺心即是福"(《圆善论》,第325页,22/316)。这样一来,福之一面就有了保障。既有德,又有福,圆善因此而成。牟宗三这种做法的合理性令人生疑。他之所以抑阳明之四有，一个重要理由是，阳明只重"意之所在为物"，不重"明觉之感应为物"，存有论思想不如龙溪。但了解阳明思想的人都知道，在阳明那里存有论思想相当丰富。牟宗三仅仅依据是讲"意之所在为物"还是讲"明觉之感应为物"，是训"格"为"正"还是训"格"为"成"，就抑阳明而扬龙溪，有明显以偏概全的思想倾向。

这还不是问题的重点，更加重要的是我们应当如何正确理解龙溪的四无，为其确定一个准确的位置。在我看来，龙溪之四无应主要从无执无滞来理解，是指道德达到一定境界后，一切均成为自然，成就道德而无道德的样子，没有任何紧张之相，在外人看不出来，即所谓"道德而无道德之相"，与道家之无心为道、佛家之无心为佛具有同等的意义。这种情况当然有很高的理论意义，但不能以此来说明存有之"无相"，证明所谓物自身意义的存在。牟宗三不是这样，他强调，道德之心创生存有是通过智的直觉进行的，因为智的直觉不受时空和范畴的制约，所以其所创生的对象不再有任何相，只是物之在其自己之如相。如相无相，是即实相。这种达至如相、实相的存在，就是物自身。牟宗三存有论的这一内在缺陷对圆善论产生了致命的影响。在以存有论解决圆善问题的理论架构下，牟宗三直接将道德之心创生存有而成的幸福规定为"物自身层之自然"，并由此来解决康德的圆善难题。我完全不同意牟宗三的这种做法。道德之心创生存有按其本义而言，是道德之心将自身的价值和意义赋予宇宙万物，使原本没有道德价值和意义的宇宙万物染有道德的色彩，这种赋予价值和意义、染有道德的色彩本身就是一种相，一种道德之相，其对象早已失去物之在其自己的身份，怎么能将由此而成的幸福说成"物自身层之自然"，进而解决康德的圆善问题？这就是说，即使我们暂时接受牟宗三以存有论解决圆善问题的思路，不在这个问题上纠缠，承认龙溪通过"明觉之感应为物"也能带来一种幸福，但这种幸福仍然是精神性的，而不是物质性的，还是无法达到康德提出圆善问题时的要求，保障有德之人一定可以得到与其道德相配的物质幸福。这种情况同样适用于五峰。即使我们暂时认可牟宗三以"诡谲的即"来解说五峰的"天理人欲同体而异用，同行而异行"，不计较其原义如何，但通过这种"诡谲的即"所能得到的也只是我们通常所说的"孔颜乐处"，而不是康德所希望得到的物质幸福。由此可见，牟宗三立龙溪、五峰为圆教，虽然立意很深，但并不能真正解决康德意义的德福一致问题，能否在学理上乃至历史上真正立得住，是人们必然要提出的问题。

其五，评价不确。《圆善论》是牟宗三晚年的一部重要作品。由于有前期的《才性与玄理》《佛性与般若》《心体与性体》《从陆象山到刘蕺山》《智的直觉与中国哲学》《现象与物自身》等书作为积累，来之十分不易，加上圆善问题又非常重要，"哲学思考至此而止"（《圆善论》，第334页，22/324），所以牟宗三对此非常看重，评价也非常高。通过他的努力，圆善问题已经得到解决，而且是得到"圆满而真实的解决"，他自己也"达至消融康德之境使之百尺竿头再进一步"（《圆善论》，序言第 14 页，22/15），是这种评价最有代表性的表述。

然而，牟宗三对《圆善论》的这种自我评价在我看来并不准确。如上所说，由于牟宗三未能清晰地将道德幸福与物质幸福区分开来，以存有论解说圆善的思路又很怪异，所以他并没有办法保障有德之人必然得到物质幸福。换句话说，牟宗三通过"诡谲的即"和"纵贯纵讲"两个理论步骤所能保障的只是道德幸福，也就是儒家历史上一贯强调的"孔颜乐处"，而不是康德设定上帝存在所希望得到的物质幸福。虽然在这个过程中他也提出了一些很有价值的思想，不能视之不顾，但他无论如何都没有办法使有德之人配享到相应的物质幸福，这是无法否认的。更为麻烦的是，这种不正确的评价为读者造成了理解上的很多障碍。为什么道德幸福必须要从存有论去讲？为什么道德之心创生存有所得到的幸福是关于物自身的，属于"物自身义的物"，属于"物自身层之自然"？这种办法又是如何解决康德提出的圆善问题的？这些都是人们在读《圆善论》的过程中必然要遇到的问题。通过分析，我们已经看到，牟宗三只是为解决德福关系问题提交了一种有别于康德的新的思考方式，而并没有也不可能真正解决康德意义的圆善问题，其"圆满而真实的解决"的自我评价不够准确，极易产生混淆。

三、由圆善论看儒学与康德哲学文化背景的差异

由牟宗三圆善思想存在的这些缺陷，可以进一步引出儒学与康德哲学文化背景的差异问题。在研究康德哲学的过程中，

牟宗三对圆善问题产生了极大的兴趣。在他看来,康德关于圆善的思想有其意义,因为如果成德之人总是得不到幸福,那么这无异于"自毁""自杀"(《圆善论》,第 199、270 页,22/194、263),所以提出德福一致的圆善问题本身就是"理性的",也是应该的。当然,牟宗三并不认可康德以上帝存在保障圆善的方式,认为在康德那里上帝只是出于情识的需要,原本就虚而不实,以此作为保障以解决圆善问题,不可能达到目的。中国哲学中佛、道两家,特别是儒家,并不讲上帝,但同样可以解决圆善问题,其间隐含着极深的智慧。因此,如何将这里的智慧发掘出来,以解决康德意义的圆善问题,就成了牟宗三写作《圆善论》的最根本的动因。

牟宗三非常清楚地看到,康德提出圆善问题有其基督教的文化背景,同时也看到中国儒、释、道三家的思路与康德哲学完全不同,但他仍然宣布,经过他的努力,康德意义的圆善问题已经得到"圆满而真实的解决"。这很容易给人造成一种印象,好像儒学可以解决基督教背景下产生的圆善问题似的。必须认真对待这个问题。儒学在发展过程中虽然也会遇到德福关系问题,伯牛、颜渊的经历即是这方面的实例,但儒家以更为彻底的人文主义为文化背景,而从不像康德那样以设定一种超越力量的方式来解决这一问题。尽管儒家认为,成德会给内心带来满足和愉悦,但这种满足和愉悦只是道德幸福,而不是物质幸福,与康德设定上帝存在以保障的那种幸福具有完全不同的性质,不能将二者混为一谈(康德并不否认理性存在者出于敬重而遵从道德法则也会得到一种"享受",并将其称为"智性的满足",但他并不将这种满足归入与圆善问题相关的幸福之列,这一点需要特别注意)。牟宗三通过"诡谲的即"和"纵贯纵讲"两个步骤所得到的说到底不过是儒家历史上原本就非常重视的"孔颜乐处",而这种"孔颜乐处"只是精神性的,不是物质性的。我们可以认定儒家对于德福关系有完全不同的姿态和处理方式,甚至认定这种姿态和方式更为"阳刚",更为"挺拔"(《圆善论》,第57页,22/54),更为合理,更为可信,但却不能说以此便可以解决康德意义的圆善问题。从儒家的立场看,康德意义的圆善问题原本就是无解的,不仅现在解决不了,而且将来也不可能解决。牟宗三讨论圆善问题未能从这个角度进入,或者说对这个问题的重视程度尚欠分寸,力度不够,终于使其思想留下了严重的缺憾。

我读《圆善论》常有一种感觉:读其前半部分,特别是对《孟子》相关篇章的疏解,深感其中很多论述十分精当,超脱前人,令人兴奋不已,但读其后半部分,即关于以儒学思想解决圆善问题的那些论述,却常常感到一头雾水。好在因为心不甘,不肯轻易放弃,一遍又一遍翻来覆去地读,在对牟宗三其他思想特别是存有论进行系统研究,厘清其将智的直觉作为出发点,以"道德而无道德之相"证明存有之"无相",乃至证明人可以认识物自身的内在理路之后,才渐渐明白牟宗三的理论初衷。这个曲折坎坷的过程对我也有好处,帮助我想通了这样一个道理:《圆善论》之所以存在上述问题,一个重要原因是,牟宗三在研究过程中尽管注意到儒学与康德哲学之文化背景的差异,但却没有能够大张旗鼓地直接宣称,儒学属于一种更为彻底的人文主义，以这种人文主义为背景的思想有自己独特的智慧，可以为解决德福关系提交一种新的思路，但不可能解决康德以基督教为文化背景而提出的圆善问题。牟宗三不是这样，而是自信地宣称，他经过努力，已经"圆满而真实"地解决了这一问题。这为人们的理解带来极大的困难。如果牟宗三不是这样处理问题，而是更换思路，那么情况一定会大为改观：一方面，正视孟子并未将天爵与人爵之关系上升到康德意义的圆善高度，分析儒学特殊的文化背景，强调康德意义的圆善问题只有在宗教背景下才会提出，儒家并不以这种方式考虑问题，从而与康德哲学区分开来；另一方面，不是从存有论进入（且不说以存有论没有办法真正说清道德幸福产生的机理，这样做至少可以避开"物自身义之物""物自身层之自然"这些极易产生混淆的说法），而是从道德内在要求的角度对"孔颜乐处"进行理论分析，证明成就道德固然会有所付出和牺牲，但这种付出和牺牲因为满足了自己的道德要求，所以可以转化成一种道德的满足感，成为一种愉悦、一种幸福。从一定意义上看，这也可以说是一种特殊的"福报"，由此可以实现一种特殊的德福一致。然而，这种特殊的德福一致尽管极具智慧，极有意义，但与康德意义的圆善问题并不是一回事，不能指望以此使康德意义的圆善问题得到"圆满而真实的解决"。读者不妨想象一下，果真如此的话，《圆善论》的含义会不会清晰一些，是不是至少不至于如此盘根错节、晦涩难解？

第五章　合一论*

一、早期圆成论与后期合一论之同异

早期圆成论与后期合一论尽管相隔四十年，但思想主旨并没有根本性的变化。我把这一思想主旨细分为两个方面：阐发了一种与康德不同的审美主张，提出了一种与康德不同的综合思想。

牟宗三不同意康德以无目的的合目的性讲审美。在建构早期圆成论时，他即指出，本体是一个活泼泼的实体，可以创造命题世界和道德世界。更为巧妙的是，本体不仅可以完成这种创造，而且可以欣趣自己的创造。"天心处于其自己中而如如地欣趣其所发，即谓美的判断。"(《认识心之批判》，第332页，19/736)意思是说，天心始终处于"所发"之中，不断进行创造，与此同时，又能够"欣趣其所发"，欣赏自己的创造。

---

* 本章为《贡献与终结》第五卷第五章，原标题为"早期圆成论与后期合一论之比较"，参见：杨泽波. 贡献与终结：第5卷. 上海：上海人民出版社，2014：132—143。

这种一面创造，一面欣赏自己的创造，就是美的判断。后期合一论进一步对美进行了新的界定，认为美"是气化底子中人类这一'既有动物性又有理性性'的存有经由其特有的妙慧而与那气化之多余的光彩相遇而成的'审美之品味'"（《康德〈判断力之批判〉》，第90页，16/87）。这一界定较之早期圆成论重点有所不同，着重强调美是由人类特有的妙慧所形成的审美的品味，但总体来看并没有原则性的改变。

基于对审美判断的这种新看法，牟宗三不同意康德以判断力作为媒介来沟通理论理性与实践理性的做法。在早期圆成论中，牟宗三这一思想倾向已经非常明显。他认为，本体是一个创生的实体，不仅可以创造命题世界，而且可以创造道德世界。既然如此，那么就本体而言，命题世界和道德世界就是融贯为一的。这种融贯为一，就是圆成世界。牟宗三甚至直接断言，命题世界和道德世界原本就没有罅隙，不需要沟通。因为这两个世界在本体处原本就是合一的，都是"天心之贯彻""天心之下贯"。到了后期合一论，这一思想仍然得以延续。"若照儒家的'道德的形上学'说，'诚者物之终始，不诚无物'，诚体从自由直贯下来，而彻至于自然，这也用不着以判断力来作媒介。"（《康德〈判断力之批判〉》，第33页，16/31）在儒家思想传统中，诚体是一道德本体，这一本体有"直贯"的能力。首先从实践理性开始，然后下贯至理论理性。无论实践理性还是理论理性，都是这个本体"直贯"的结果，所以这两个不同领域本来就贯通不隔，不容截然分割。换句话说，由本体发出来的那个真、那个善、那个美，尽管从分别的角度看各有独立的意义,但从本体的角度说则彼此相即、浑然不分。同一事"即善即美",同时也"即善即真",总之"即真即美即善"。这种彼此相即,就是一种新式的合一,即所谓"相即式合一"。

早期圆成论与后期合一论虽然思想主旨相同,但因为相隔久远,所以二者之间也有一些不同之处。首先,这表现在具体的用语上。一个十分明显的例子,就是"圆成"和"合一"的说法。如上所说,牟宗三早期圆成论中表示综合的术语是"圆成"。他认为,世间一切存在皆由本体创造。本体创生一切存在,引生一切存在,遍普一切存在。这种创造具体又可分为两界:一是自然界,一是道德界。自然界为理论理性,道德界为实践理性。但不管哪一界,都由本体创生,本体为一不为二,两界贯通而不隔,"今自其贯通不隔而言和,是谓圆成世界"(《认识心之批判》,第314页,19/719)。当然,在早期圆成论中,也出现过"合一"的说法:"此实是两种意义之分观,而在本体之创造处原本合一也。"(《认识心之批判》,第316页,19/721)这是说,本体是一个创造实体,并非空物,无时不在成用中。这种成用既表现为自然世界,又表现为道德世界。分开来看,是两个世界,但自本源处则完全为一,这就叫作"合一"。同样道理,在后期合一论中,仍旧有"圆成"的说法。如在《商榷》一文第九节第六小节"审美判断无辩证之可言"中,牟宗三这样写道:"下文先作真美善之分别说,然后再作真美善之合一说,最后再论此两种说之关系以达最后之圆成。"(《康德〈判断力之批判〉》,第78页,16/76)这里"圆成"的说法十分醒目。虽然互有交叉，但早期多说"圆成"，后期多说"合一"，则是十分清楚的。

再一个例子是"天心"、"道心"与"天垂象"。牟宗三在写作《认识心之批判》的时候比较喜欢使用"天心"的说法。在他看来，认识之心所成的命题世界，与道德之心所成的道德世界，都是形上的心即"天心"的贯彻流行，并非相隔不通，因此根本不需要像康德那样用审美判断加以沟通。"吾人将视之为形上的心（即天心）之贯彻过程中之曲折，而一是皆由天心以贯之，此却并无一媒介足以沟通之。沟通之者不是一第三者之媒介，而是天心之贯彻。"（《认识心之批判》，第317页，19/722）这里明确使用了"天心"的说法，并将其放在"形上的心"后面作为同义语来使用。到了后期合一论，牟宗三不再使用"天心"这个说法，多以"道心"取而代之。"若在非分别说中，则妙慧被吸纳于道心，而光彩亦被溶化而归于'平地'，此时只成一'即真即美即善'之境地"（《康德〈判断力之批判〉》，第89页，16/86）。在牟宗三看来，在合一说中，审美之妙慧被吸纳于"道心"，气化之光彩被溶化于"平地"，由此而达成"即真即美即善"之境地。在这一境地，真是物如之存在，善是天理之平铺，美是"天地之美，神明之容"。所有这一切均不能像康德那样从认识之心上讲，而必须从"道心"上讲。更有意思的是，牟宗三又在这个意义上频繁使用"天垂象"的说法，以"天垂象，见吉凶，圣人则之"来说"无相"，强调"天垂象"之"象"是具体有相可见的意思。但"上天之载无声无臭"，其本身没有任何相可见，这种没有任何相可见就是"无相"。这种"无相"具体可分为三,即"无相的真""无相的美""无相的善"(《康德〈判断力之批判〉》,第89页,16/87)。真美善因为均是"无相",在这个基点上完全一致,所以以此为基础便可以达成一种新的合一。

其次,早期圆成论与后期合一论不仅在用语上有所改变,而且在内容上也有一定的变化,虚实问题是一个明显的例证。在早期思想中,牟宗三对康德美学思想批评的重点是,嫌康德的目的论原则虚而不实。在他看来,道德目的有创生性,不能是虚的,必须是实的。但是,"康德之美的判断之超越原则不能基于此而建立,所以此原则是虚的,不能负自然谐和之责,亦不能负美的判断之实现之责"(《认识心之批判》,第320页,19/724-725)。意思是说,康德关于无目的的合目的性等一系列说法只是从虚处讲,不是从实处讲,不能担负自然和谐的责任,不能真实实现审美判断。在早期思想中,像这样批评康德的地方很多,可以说是牟宗三此时思想的一个主基调。到了后期合一论,上述这种批评基本上被"内合"与"外离"取代了。牟宗三对康德鉴赏判断四契机的批评,即是如此。在他看来,康德依据质、量、关系、模态讲审美判断,在讲质时为"虚用",切于"内合"方法,最为合理,到了讲量、关系、模态的时候,却不自觉地转为"实用",变成了"外离"。因为这三个契机都有待于概念,虽然不是规定性的概念,只是非规定性的概念。牟宗三把这种由不依于任何概念转成依于非规定性概念的变化叫作"外离"。与早期圆成论相比,这也是一个重要的变化。

最后，后期合一论与早期圆成论的最大不同，是"无相"问题。在早期圆成论中，牟宗三已经有了"天心处于其自己中而如如地欣趣其所发"的说法，其中最值得关注的是"如如"这个说法。牟宗三这里讲的"如如"主要有两层意思：第一，审美判断源于"天心"之"如如地观照"；第二，审美判断是对"天心"之所发的"如如地欣趣"。牟宗三此时使用这个概念主要取佛家真实、如实的意思，与康德认知必须经过时空和范畴概念，所以只能达到现相正相反对。但到了后期合一论，这一思想进一步发展为"无相"。在牟宗三看来，审美品鉴既无关于利害关心，又无关于概念，属于"无向"判断，这种"无向"决定审美品鉴是完全"无相"的。不仅如此，更有意义的是，当道德进至一定境界之后，人便达到"化境"，大无大相，一切皆是自然而然，全无一点做作牵强，对外完全显不出道德的样子。一旦如此，人们在审美领域就会达到"无相"，"审美而无审美之相"，全无主观故意，在自然而然之中即欣赏到了美。如果人们做到了这一步，那么美就没有了任何相，达到了"无相之美"，"审美而美无美相"。这种"无相之美"，"审美而美无美相"，与在认知领域通过智的直觉直接抵达物自身具有同等的意义。因为道德、审美、认知都可以达到"无相"，而这种"无相"是统一的，由上到下一贯到底，所以我们便可以以"无相原则"为根据而实现"即真即美即善"，做到"相即式合一"，而不需要再像康德那样以第三批判来沟通前两大批判。以"无相"为基础来论证"相即式合一"的合理性，是后期合一论的最大特点，这在早期圆成论中是没有的。

二、早期圆成论与后期合一论之是非

对审美判断进行了新的界定，这是早期圆成论与后期合一论的一个重要理论贡献。康德写作《判断力批判》的一个重要目的是，对人类的情感问题进行研究，探讨人类情感有无先天原则，如果有的话，这一先天原则是如何发挥作用的，由此形成了关于审美的一套独特思想。康德的这一审美主张对人们产生了很大影响，成为美学理论的一种重要形式。但牟宗三的努力告诉我们，康德的这种思想并不是唯一的形式，我们完全可以有其他的形式。牟宗三站在中国哲学的立场上，对审美判断进行了新的界定。这种新的界定既吸取了康德审美思想中的若干合理内容，特别是坚持了审美判断不受任何利害关心的影响，也不受任何概念牵制的因素，但又有自己的独创之处。比如，牟宗三特别强调，审美即是本体对自己之创造的欣赏。按照这一思想，本体是一创造实体，可以创造不同的对象，同时也可以欣赏自己的创造。这种对自己之创造的欣赏，就是美的判断。这种将审美建立在本体基础之上的理路，特别重视道德对于审美的意义，其实是一种伦理（道德）美学，不仅继承了儒家思想的传统，而且对于当今唯美主义盛行造成的种种弊端有校正之功。不管牟宗三的相关思想有多少需要讨论的地方，其坚持儒家的道德理想主义立场，对审美判断进行新的界定的努力，都应该也是必须予以充分肯定的。

提出了一种与康德完全不同的综合方式，这是早期圆成论与后期合一论的另一个也是更为重要的一个理论贡献。康德先是对理论理性进行批判，后又对实践理性进行批判，在这两个领域做出了重要的贡献，但这两个领域过于分离，无法有机连接起来，于是就成了其理论的重要缺陷。康德意识到这个问题之后，撰写了《判断力批判》，希望以判断力作为一种媒介将前两个方面综合起来。牟宗三走的则完全是另外一条道路。他认为，本体是一切事物的总根源，由这一本体既可以创造认知，又可以创造道德。因为无论认知还是道德，都是由本体创造的，而本体为一不为二，所以理论理性与实践理性原本即为一体。只要我们能够看到本体为一不为二，那么理论理性和实践理性就是不分的。这样一来，就没有必要像康德那样，先讲一个理论理性，再讲一个道德理性，最后为了将它们综合在一块，再讲一个判断力批判。

如果对康德与牟宗三的相关思想进行比较的话，不难看出，牟宗三的思想明显比康德的思想简约明了得多。按照康德的讲法，为了完成这种媒介式合一，首先要讲审美，讲审美又必须首先讲一个无目的的合目的性，然后讲人为什么是自然界的目的，道德又为什么是人的目的。康德的这一系列论述尽管包含着极为深刻的洞见（比如关于历史的观点），但却非常复杂烦琐，很难为人们真正把握和接受。这也是康德第三批判远比第一批判和第二批判难以理解的重要原因。相对而言，牟宗三的讲法就简洁多了。按照他的思路，要讲合一，只要突出本体之重要就可以了。本体是一创造实体，既可以创造道德，又可以创造认知，同时又可以在妙慧妙感之中欣赏和享受自己的创造。这种欣赏和享受就是审美。更有意义的是，这种本体虽然可分为真美善三个不同领域，但在本源处却完全是一不是二，依此便可以将这三个不同领域统一为一个整体，做到"即真即美即善"，而不需要先分别讲理论理性和实践理性，再寻一个什么媒介，强行将它们联系起来。牟宗三的这一思想蕴含着丰富的意义，它说明，要将理论理性与实践理性联系起来，可以有多种不同的方法。康德提供的是一种方法，牟宗三提供的是另外一种方法，即真与善原本并无罅隙，无须综合。在我看来，这是牟宗三相关思想最有价值的部分。

早期圆成论和后期合一论存在的理论缺陷，首先表现为对康德第三批判的理解有欠深入。这一点在早期圆成论中已有所体现。后期合一论虽然是在译完《判断力批判》之后完成的，但这一缺陷仍时有表现，因为涉及问题更为具体，这种缺陷甚至显得更为明显。在后期合一论中，牟宗三对康德多有批评，其中的一个基本要点便是"外离"。在牟宗三看来，康德在讲审美判断的时候，一开始走的是"内合"的路线，但后来背离了它，走上了"外离"的道路，不再谈论审美自身，跑到外面绕圈子去了。康德有如此过错，根本原因即在于以合目的性来讲审美。这是康德美学思想的最大疏漏，令其审美判断力的有效性大打折扣，"种种剌谬瞹隔均集中于此"（《康德〈判断力之批判〉》，第63页，16/60）。然而，细细品味，牟宗三对康德的这种批评有不少地方都有待讨论。比如，牟宗三不明白"这枝花是美的"与合目的性是什么关系，认为二者之间根本没有关系，康德硬把它们联系在一起，完全是多余的。但如果把这个问题置于康德第三批判的逻辑结构之中，则明显不能这样说。因为在康德学理中合目的性并不是审美对象自身所具有的，而只是人们为了思想的方便人为地加于其上的，这种合目的性中的一个重要内容就是事物的完善性。一个对象一旦与这种完善性协调一致，那么就达到了合目的性，人们便会感到一种愉悦，这种愉悦就是美。另外，牟宗三对康德"美是德性—善的象征"这一表述的批评，也属于这种情况。牟宗三认为，康德的这一说法看起来非常吸引人，但却没有严格的一定性，对其持一种否定态度。牟宗三的这种理解同样有待商榷。康德提出"美是德性—善的象征"这一重要判断，意在强调，随着人类历史的发展，人的审美能力得到了提高。通过这种审美能力，人们可以猜测到自身的道德，认识到自己是道德的存在。我们不一定必须接受康德的这种讲法，可以对其加以批评，但在批评之前，至少应该了解康德为什么要这样说，这种说法与其整个思想体系有什么内在关联。牟宗三在这方面的工作做得不够细致，对康德"美是德性—善的象征"这一重要思想的批评显得过于随意。再一个例子是关于上帝的证明。牟宗三认为，康德讲合目的性，是用神智作为繁多的自然形态的根据，以证明上帝的合理性。但是，只要对康德的第三批判有一定了解的人，恐怕都不会同意牟宗三的这种解说。康德在《判断力批判》中讲得很明确，他并不赞成自然神学，认为自然神学无法将目的论问题说清楚，他赞成的是道德神学。这是因为，只有人才能成为世界的目的，除此之外，不可能有其他目的。但人有了道德之后，并没有办法保障一定能够得到幸福，所以有理由设定一个上帝,以保障有德之人一定有福。这就是康德的"对上帝存在的道德证明",也就是他的道德神学。牟宗三未能看透这层关系,认为康德讲上帝是为了确立自然目的论,而这种自然目的论与审美怎么也扯不上关系,所以才造成众多的纠缠。

牟宗三在这些方面有所失误,根据我的理解,一个主要原因是对康德《判断力批判》之内在逻辑关系的把握有欠深透。《判断力批判》是一个严密的体系,但由于环节众多,被公认是三大批判中最难理解的。康德先从审美判断力谈起,最后谈到目的论判断力,从而以审美判断力作为中介将理论理性与实践理性连接起来。如果不能真正了解康德的这种致思方式,将第三批判仅仅当作一部美学著作来读,那么就很难明白康德为什么一定要以合目的性来讲审美。牟宗三的不足恰恰表现在这里。他在写《认识心之批判》时只读了《判断力批判》的导言部分,未及正文。在撰写《商榷》一文时,虽然完成了第三批判的翻译工作,情况大有好转,但思想重点仍然只放在"审美判断力批判"上,没有对"目的论判断力批判"予以足够的重视。熟读《商榷》全文可以看得很清楚,牟宗三明显是把《判断力批判》只作为一部美学著作来读的。《商榷》对于康德相关思想的梳理及其重新表述全部集中在"审美判断力批判"部分,未及"目的论判断力批判"部分,即是一个明证。这样就犯了一个大忌,使其无法准确把握"审美判断力批判"与"目的论判断力批判"的内在关系,无法深入理解康德讲审美何以一定要讲合目的性。牟宗三对康德第三批判的理解存有一些瑕疵，大多与此有关。

与早期圆成论相比，后期合一论又多了一个缺陷，这就是所谓的"无相"。由于对康德媒介式合一多有不满，牟宗三提出了一种以本体为基础的合一方式，即所谓"相即式合一"。按照这种新的设想，本体既包含理论理性，又包含实践理性，基础则是同一个本体。以这个基础讲合一，就不需要另找一个媒介。在凸显本体的过程中，牟宗三特别强调本体是"无相"的，并从多方面加以证明。首先是以"无向"论"无相"。在牟宗三那里，"无向"这一概念的含义前后有一定的差异。前期主要是指没有指向，不像认知和道德那样形成一定的"岔裂"和"沟壑"；后期则主要指无关于利害关心，特别是无关于概念（包括时空）。依据牟宗三的理解，既然审美无关于概念，那么其面对的对象就不再是现相而是物自身，而物自身也就是"无相"。此时，牟宗三并没有想到，概念是一种"向"，道德内容也可以是一种"向"，无关于概念并不意味着无关于道德内容。本体创生宇宙万物并在这种创生中感受到愉悦，就是将本体自身的内容赋予宇宙万物。这种赋予就其本质而言，也是一种"向"，受其影响的宇宙万物已经具有了一种"相"，不再是什么"无相"，不可能是什么物之在其自己，是什么物自身意义的存有。以"无向"证明"无相"，证明物自身，在逻辑上是非常不严格的。更为麻烦的是，牟宗三还以"放得下"论"无相"。在他看来，人在成就道德之后，表现自然与他人不同，这种不同就是一种道德之相，可以称之为一种"大相"。但光达到大相这一步还远远不够，还必须努力把大相化掉，做到大无大相。一旦做到大无大相，一切皆归于平平，就不再有任何之相，不仅没有道德之"善相"，而且就连审美也没有美相，达到"无相之美"。这样，就可以在"无相原则"的旗帜下，以真美善都可以达到物自身为基础，实现"即真即美即善"，完成"相即式合一"。然而，牟宗三此时可能没有意识到，人达到一定境界后，确实可以做到道德之"无相"，也可以做到审美之"无相"，但不能以此来证明"无相之美"，不能以此来证明审美可以达到物自身。牟宗三后期合一论以"放得下"论"无相"，表面上看高深莫测，实际上是以"道德而无道德之相"和"审美而无审美之相"来证明"审美而美无美相"，证明"无相之美"。但"审美而美无美相""无相之美"这些说法本身就是自相冲突的，根本无法成立。除此之外，牟宗三还以"天垂象"论"无相"。他认为，天是最高的境界，本身没有任何相，这种没有任何相就是"无相"，其中又可以具体分为"无相的真""无相的美""无相的善"。但"无相"为什么必须以天为依据，天又是如何"垂象"的，这些问题在牟宗三的说法中都找不到合理的答案。正因如此，我才断言，牟宗三以"天垂象"证明"无相"，只是对传统思维习惯的一种沿用，不仅显得陈旧，而且实际上无助于问题的解决。

牟宗三在"无相"问题上陷入误区，根本原因还在于对康德智的直觉问题的理解有欠准确。牟宗三写作《心体与性体》之后，已经意识到智的直觉问题的重要，开始着手研究这个问题。《智的直觉与中国哲学》与《现象与物自身》即是这种研究的集中展现。这一研究取得了多方面的成果，但也留下了一些缺憾,其突出表现就是智的直觉问题。在牟宗三看来,康德没有看到人的无限性,只强调人的有限性,不承认人可以有智的直觉,所以认为人只能认识现相,不能认识物自身。但中国哲学历来认为,人既有限又无限,完全可以有智的直觉的能力,不仅可以达到现相,而且可以达到物自身。但是,细查牟宗三所列关于人可以有智的直觉的材料,可以看出,它们在涉及良心本体时确有其意义,但一旦指向宇宙万物,则完全不能成立。我们可以承认人在"自觉"的意义上有牟宗三所诠释的康德意义的智的直觉(尽管康德本人并不承认这一点),但不能承认人在"觉他"的意义上有这种智的直觉。牟宗三关于人对宇宙万物可以有智的直觉的说法存在严重的缺陷。牟宗三之所以这样主张,是因为在他看来,道德之心创生存有不需要借助认识领域的概念,这种不借助概念的思维形式,就是智的直觉。但牟宗三没有想到,智的直觉在康德那里有特殊含义,他对这个重要概念的理解并不准确。不经过概念,并不代表其创生没有受到主体的影响,其对象就是物自身,其实这种对象仍然属于现相的范畴,只不过不再是一般的现相,而是一种特殊的现相即我所说的"善相"。因此,道德之心创生宇宙万物之存在的思维方式并不是牟宗三所理解的那种智的直觉。遗憾的是,《商榷》一文不是这样,而是一再强调人有智的直觉,可以达到"无相的真""无相的美""无相的善",可以以"无相"为基础来实现真美善的相融为一。不过,牟宗三并不明白"无相"可以有"道德而无道德之相""审美而无审美之相""审美而美无美相"的区别。他实际上是在以"道德而无道德之相"

"审美而无审美之相"来证明"审美而美无美相",但以这种"无相"是没有办法真正实现"相即式合一"的。智的直觉是牟宗三后期最为关注的问题,也是他最为自信的问题,但也正是这个问题将其拖入深深的泥潭,无力自拔。

三、早期圆成论与后期合一论之优劣

相对牟宗三其他方面的思想而言,学界关于牟宗三美学思想的研究并不多。在这些有限的研究成果中,似乎倾向于认为后期合一论的理论成就超过了早期圆成论。① 然而,我研究得出的结论却刚好相反。在我看来,尽管后期合一论在理论的全面性、细致性方面远远超过早期圆成论,但因为在思想上有所失误,其理论成就反倒不如早期圆成论。

我之所以有这个看法,一个主要理由是,后期合一论的基本原则在早期圆成论中就已经提出来了。早期圆成论的一个重要贡献是,强调本体是一创造实体,一方面创造对象,另一方面又能对自己的创造有所欣赏,从而提出"天心处于其自己中而如如地欣趣其所发,即谓美的判断"。后期合一论对审美判断进行了新的界定,凸显了这种判断的人类原则、非目的性原则、无向原则、妙慧妙感原则以及欣趣原则,更为完善,但总体上仍然是对之前思路的延续。早期圆成论的另一个重要内容

---

① 王兴国指出:"牟宗三的后期美学思想是其前期美学思想的扩充与发展","实际上,他后期的批评是他前期的批判的延续与完成"[王兴国. 成于乐的圆成之境——论牟宗三的美学世界及其与康德美学的不同. 孔子研究,2005(1)]。这个表述似乎可作为旁证。

是，不满意康德以判断力沟通理论理性与实践理性的做法，强调本体是一创造实体，既可以创造认知，又可以创造道德，因为认知和道德都是本体的创造，在本体处原本就是综合的，无须另外一个综合。后期合一论提出的"相即式合一"其实也是这样一个基本思想，无非是强调在本体处真美善相互为一，彼此相即，真即善即美，美亦即善即真，善亦即美即真。这种彼此相即就是一种合一，有了这种合一就不再需要康德那种以审美判断为媒介的合一了。

另外，我之所以有这种看法，还因为后期合一论虽然更为完善，思想层面更高，但理论缺陷却更多。与早期写作"美学世界之宇宙论的形成"时只读了《判断力批判》的导言部分不同，《商榷》一文是在译完《判断力批判》之后写成的。由于涉及的材料更为全面，理论自然也更为完整。但因为此时牟宗三对康德第三批判的理解仍然存在一定的不足，所造成的理论缺陷就更为明显。其中，最有代表性的例子就是"无相"。此时，牟宗三已经完成了《智的直觉与中国哲学》和《现象与物自身》的写作，对康德智的直觉问题进行了系统的研究。这一研究中的缺陷对后期合一论产生了极大的负面影响。其中一个突出的表现就是以"无向"论"无相"。牟宗三强调，审美是"无向"的，"无向"即是无关于概念，无关于概念就是智的直觉，其对象就是"无相"，也就是物自身。然而，牟宗三没有意识到，审美虽然无关于概念，无关于这种"向"，但并不是无关于任何"向"。审美是主体影响对象的结果，这种影响也是一种"向"，一种不同于概念之"向"的"向"，其结果一定是形成一种"相",而不能是什么"无相"。以"放得下"论"无相"更将这种情况推向极端。在牟宗三看来,经由"放得下"这一关,人在"化境"之中即可达到"无相之美",并以此为根据,建立"无相原则",将真美善统一起来。但他这里所说的"无相"只是"道德而无道德之相"和"审美而无审美之相",以这两种"无相"根本无法证明"审美而美无美相"。人在任何情况下都不可能达到"审美而美无美相"。正因如此,后期合一论较之早期圆成论就显得更为曲折含混、复杂难解。

总之,既然牟宗三相关思想的基本原则在早期圆成论时就已经确定了,后期合一论不仅没有在基本原则方面有所超越,反而增添了新的混乱,那么再认为后期合一论的理论成就超越了早期圆成论,恐怕就很难说是妥当的了。就个人阅读的感受来说,我明显更喜欢早期圆成论,而不大喜欢后期合一论,虽然二者相隔四十年,后者的理论成就理应超过前者。历史上后有的东西未必优越于先前的东西,在牟宗三这里又可以见到一个有趣的例证,尽管这个结论让人在情感上可能一时不易接受。

附录 "七七、七八现象"与我的哲学研究之路*

杨少涵：众所周知，您的学术研究始于孟子，先后出版了"孟学三书"(《孟子性善论研究》《孟子评传》《孟子与中国文化》)，在学界有较大影响。您能否先介绍一下这方面的情况。

杨泽波：要回答这个问题，我想把视角放大一点，先从我们这一代学人的背景讲起，或许可以说得更清楚一些。大陆目前的学术界与港台乃至国外相比，有一个明显的不同，我称为"七七、七八现象"。"文革"十年浩劫，教育界全面瘫痪，耽误了整整一代人。1977年，在邓小平领导下，拨乱反正，大学恢复招生。很多上山下乡的知识青年参加了"文革"后的第一次高考，有机会重新回到学校。1977年过于急促，不少人没有准备好，参加了第二年即1978年的高考。对于国家和个人来说，这都是一个重要的转机，国家教育从此走上了正轨，很多个人的命运由此出现了根本性的转折。知青混迹于社会，浪费了大量宝贵时间，其中有不少人于心不甘并未放弃，在艰

---

* 这是一篇访谈录。采访者是杨少涵，哲学博士，华侨大学哲学与社会发展学院教授。

苦的条件下想办法找书读,思考人生,思考社会。一旦有机会进入大学之门,积压很久的能量一下子爆发了出来。在这拨人中,出现了很多有名的人物。现在活跃在学界第一线的很多学者,大多是这拨人。其中也有一些人走上了中国政坛,成为当今政治舞台的中心人物。"七七、七八现象"很值得研究,其重要性甚至可以与"西南联大现象"相媲美。这是我的一个基本看法。

算起来,我也属于"七七、七八现象"那拨人,但又有所不同。一是我1969年就参军了,没有上山下乡。1977年,地方大学招生,部分院校步子晚半拍,到1978年上半年才恢复招生。我是1978年3月到上海空军政治学院(即后来的南京政治学院上海分院)学习的。尽管有此差异,但应该算是同一拨人。二是当时我到部队院校学习没有文凭。地方知青1977、1978年参加高考后有大学文凭,很多人接着读研,留校后直接走上学术道路。我到上海空军政治学院学习属于短期培训性质,没有文凭。因此,我走的路更为曲折。毕业时,我有两个选择,既可以留校,也可以回原部队。再三思量后,我选择了留校。虽然是留校了,但因为没有文凭,还必须补很多东西,当时叫"补文凭",从初中、高中补起。当时社会的学习氛围很浓,大家都在积极补习文化。"月上柳梢头,人约黄昏后。"每到晚上,夜校、补习班都挤满了人。我也一边从事教学工作,一边坚持自学,从英语26个字母学起。经过差不多十年的准备,1986年,我以同等学力报考复旦大学中国哲学方向的硕士研究生,以总分第一的成绩被录取。

进了复旦大学，政治氛围宽松了很多，但研究方法还非常陈旧。明明知道旧的方法已经不能再用了，但一时又没有可用的新的方法，很迷茫。这时现代新儒家第二代代表人物，如徐复观、唐君毅、方东美，特别是牟宗三，对我有很大的影响，由此开始关注过去认为并不值得关注的性善问题。后征得导师同意，以《孟子性善论假说的道德自律意义》为题，完成了硕士论文的写作，取得了硕士学位。

1989年，我直升继续攻读博士学位。这一阶段的一个重要收获是发现了康德和孟子的差异。牟宗三儒学思想的一大特点是，借鉴康德研究孟子，以道德自律点化性善论。在深入研读康德著作的时候，我发现康德的道德自律排斥道德情感，孟子的性善论则充满了情感因子，康德意义的道德自律学说并不完全适合性善论。牟宗三将康德思想借鉴到孟子学研究中来，虽然做出了重要贡献，给人以新的启发，但仍然没有摆脱以西方哲学比附中国哲学的历史局限。自己跟着牟宗三走，照猫画虎，把康德的道德自律模式套在性善论头上，基本思路就不正确。于是，我推翻了自己的硕士论文，重新以孟子为对象，开始了博士论文的写作，题目改为《孟子性善论研究》。论文完成后，受到了答辩老师的一致肯定，被收录于"中国社会科学博士论文文库"。这套书当时在大陆属于最高档次，这对我是一个很大的鼓舞。后来，我又写了《孟子评传》《孟子与中国文化》。这就是你所说的"孟子三书"。这三本书都是关于孟子的，但写法不同。《孟子性善论研究》的中心是对作为孟子核心思想的性善论进行解读，《孟子评传》是对孟子思想的全面研究，《孟子与中国文化》则是以一种通俗的方式，将前两个研究成果介绍给社会大众，特别是年轻朋友。

我讲这些，主要是想说明，孟子学研究是我学术研究的开始，是我人生的一个根本性转折，标志着我正式走上了学术的道路。我从一个入伍时履历表上只有初中文化（其实只上了六年小学）的普通军人，成功转变为一个学者，离开"七七、七八现象"，是不可想象的，也是无法理解的。

杨少涵：您对自己的孟子学研究十分看重，在不同场合多次讲过，其中一些观点是发前人之未发，后人很难改易的。您为什么有这种看法？

杨泽波：我对自己的孟子学研究确实非常看重，认为它有很高的学理价值。这还要谈到"七七、七八现象"。据我所知，"七七、七八现象"这拨人有一个显著的优点，就是比较注意独立思考。因为是从那个特殊年代走过来的，吃了很多亏，体悟到了独立思考的重要，一般不愿意跟着别人走，渐渐养成了时刻提醒自己注意独立思考，勇于发现问题、解决问题的习惯。这个特点与我的孟子学研究有直接联系。孟子学是中国哲学的一个重要课题，古往今来，研究者不断。与前人相比，我的研究有明显的特点。其中最值得一提的表现在三个方面。

一是以"伦理心境"解说性善论。性善论是中国文化的老传统，是大家普遍接受的观念。按孟子的说法，人之所以有善性，是因为人有良心。人之所以有良心，是因为这是"天之所与我者"。古往今来，人们都这样说，不再进一步思考人为什么有良心的问题。我并不满意这种传统的说法。根据我的研究，人之所以有良心，根据在于两端：一是人天生就有一种自然生长的倾向，我将之简称为"生长倾向"；二是人生活在社会当中，社会生活和智性思维对内心的影响会形成某种类似于结晶体的东西，我将之简称为"伦理心境"。"生长倾向"是自然属性，"伦理心境"是社会属性。"生长倾向"不会单独存在，一定会发展为"伦理心境"，而"伦理心境"不能凭空而生，必须以"生长倾向"为基础。孟子所说的良心，从理论上分析，其实就是建立在"生长倾向"基础上的"伦理心境"。"伦理心境"虽然是后天的，但同时又具有先在性，即在处理新的伦理道德问题之前已经存在了。因为具有先在性，所以是"我固有之"；因为是"我固有之"，所以要"自反""自得"；因为"自反""自得"，所以会"乐莫大焉"；因为"乐莫大焉"，所以兴发有力，动感十足。

二是发现了孔、孟心性之学的分歧。宋代以后随着孟子升格运动的进行，开始孔孟并称。受此影响，人们往往认为孟子是孔子的好学生，是孔门嫡系真传。我的研究证明这种看法并不合乎实际情况。孟子性善论重于良心，这一思想的脉络源自孔子的仁学。但孔子除仁学外，还有礼学。在孔子思想系统中，成德成善有两个基本方面：一要靠外在的礼，二要靠内在的仁。只有两个方面相互兼顾，外学于礼，内求于仁，双美相合，互不分离，才是完全的。孟子在仁学方面有深刻的体会，提出了良心本心的概念，对中国文化贡献极大。但他在不自觉间将礼完全收归于内心，大讲"仁义礼智我固有之"，并不合于孔子外学于礼的思想。孟子其实只得了孔子之一翼，其心性之学与孔子存在着重大分歧。孔、孟心性之学的这个分歧,对儒学的整个发展有着决定性的影响。其后的荀子不满意性善之说,重视化性起伪,由此提倡认知问题,讲虚壹而静。象山读《孟子》自得于心,大力提倡易简功夫。朱熹重视《大学》,强调格物致知的重要。阳明直接上承孟子,完成心学体系。这些相互激战的局面,都与孔、孟心性之学的分歧有着直接的关联。

三是找到了宋明理学"去欲主义"思想的原因。在研究孟子的过程中,我注意到,与孔子一样,孟子并不否认利欲的作用,并不绝对排斥利欲。但后人对"何必曰利,亦有仁义而已"的说法,多有误解,以为儒家只准谈义,不准谈利,以至于出现"存天理,灭人欲"之说,有一种明显的"去欲主义"倾向。这个教训值得认真总结。我对孟子义利之辨做了具体分疏,认为孟子谈义利共有三种不同的含义,即治国方略意义的义利之辨、道德目的意义的义利之辨、人禽之分意义的义利之辨。前两种属于彼此对立关系,后一种属于价值选择关系。后人没有区分这三者的关系,以治国方略和道德目的意义的义利之辨解说人禽之分意义的义利之辨,以至于得出儒家只能要义不能要利的结论,影响了中国社会的发展。

我曾多次讲过,我很看重自己在这三个方面的努力,认为这些都是发前人之未发,而后人很难改易的。我之所以有这样的自我评价,同样与"七七、七八现象"有关。如果注意观察,不难发现,"七七、七八现象"这拨人确实有很多重要成果,有的人已经超过了他们的前辈。这并不是他们个人的才智方面有什么特殊，而是因为赶上了好时机。一个人再有才，时机不好，也没有用。反过来，如果能赶上好的机会，即使才智一般，也可以做出大的成绩。近些年来，商界、学界的大量现象，无不证实了这个道理。

杨少涵：当下的孟子学很火，全国成立了很多孟子学堂、孟子书院，还成立了孟子学会，孟子学的研讨会也四处在开。我关注到您近来参加了几个相关会议。就您的了解，目前的孟子学研究与您那个时期的研究有何不同？

杨泽波：我的孟子学研究前后延续了十年左右，随后就转到了其他方向。在我转向后的这些年中，孟子学研究出现了很多新成果，确实很红火。据我观察，其中有两个明显的特点。一是运用新出土的材料，对孟子思想进行新视角的研究。中国人民大学梁涛教授是代表性人物。梁涛早年从事史学研究，郭店竹简出土后，他利用其中的材料，着重从思孟学派的角度对孟子进行了新的研究，取得了令人瞩目的成绩。二是民间力量的介入。这些年很多地方都举办过孟子的学术会议，孟氏宗亲会出了很多力。这是很好的现象，在我写博士论文时是不敢想象的，说明随着传统文化的回归，孟子学研究前景广阔，大有发展。但这些年来孟子学研究取得的新进步，并不构成对我的观点的冲击。我认为，就哲学研究来说，历史和新的史料虽然重要，但应该为思想服务，就此而言，这些年的新成果并没有推翻我的结论，我的观点仍然有其价值。前面讲的我发前人之未发的那三个方面，经过这些年的检验，仍然无法被否定，本身就说明了它的价值还在，没有过时。最后，还想特别强调一句。前面说的那三个方面,并不是我孟子学研究最大的贡献。我孟子学研究的最大贡献、最引以为荣的是,发现了儒学研究的一种新方法,我称为"三分法"。这一新方法的最大特点是,将西方道德哲学中的理性打开,一分为二,变为仁性和智性,再加上欲性,共同构成欲性、仁性、智性三个部分。这一新方法有着深远的学理意义,远远超出了孟子学研究本身,其价值现在很多人还没有充分看到,还没有完全显现出来。

杨少涵:在孟子学研究之后,您将精力转向了牟宗三研究。是什么机缘让您有了这种转向?您曾经自诩为牟宗三的私淑弟子,这和您从事牟宗三研究有什么关系?

杨泽波:这是一个很有意思的问题。先做一个澄清。我在多年从事牟宗三研究的过程中,对牟宗三既有肯定,也多有批评。港台一些牟门弟子对我意见很大,认为我对牟先生不够尊重,冒犯了牟先生。其实,他们不知道,我非常尊敬牟先生。在我人生重要转折关头,是他的著作帮助我懂得了呈现,懂得了心学,进而懂得了儒学,正式踏入儒学的门槛。为此,我曾仿效孟子自诩为孔子的私淑弟子,公开承认我是牟先生的私淑弟子。既然是私淑弟子,既然牟先生的著作对我有很大的帮助,那么当然就要好好研究他的思想了。我立志研究牟宗三儒学思想,将由熊十力到牟宗三一脉相传的学派弘扬光大的念头,很早就有了。我在从事孟子学研究的时候,就写了这方面的第一篇文章,题目叫作《牟宗三性善论研究的贡献与缺失》。那时,我就下定决心,在完成博士论文之后,将牟宗三研究作为下一个课题。但牟宗三是哲学大家,学理高深,以我当时的学力，很难吃得下来。没有办法，只好退让一步，先做一些力所能及的课题，养精蓄锐，积累力量。在相继出版了《孟子评传》《孟子与中国文化》之后，从1998年开始，正式动笔，开始了牟宗三儒学思想的研究。

杨少涵：您先后出版了"牟学六书"（《贡献与终结——牟宗三儒学思想研究》五卷与《〈心体与性体〉解读》），体量庞大，您对自己的牟宗三研究有何评价？

杨泽波：平心而论，在牟宗三儒学思想研究方面，我确实下了很大功夫，用流行的话说，创造了不少"第一"，比如：第一次以近300万字的体量完整地研究了牟宗三儒学思想；第一次将牟宗三儒学思想划分为坎陷论、三系论、存有论、圆善论、合一论五个部分；第一次将牟宗三儒学思想的五个部分独立成卷，以论衡的形式，加以系统讨论；第一次仿照钱穆的《朱子新学案》编制了牟宗三各个思想的学案，附在各卷论衡部分之后；第一次编纂了约6万字的牟宗三儒学思想词典；第一次全面收集了1978—2012年牟宗三研究书目，长达近10万字；等等。当然，这些只是就形式而言，我的牟宗三研究最重要的贡献是内容上的，除去一些细节问题，主要体现在两个方面。

先谈谈第一个贡献，即否定了牟宗三的三系论。《心体与性体》（包括《从陆象山到刘蕺山》）是牟宗三一生写得最好的著作，最为重要。该书之所以引人关注，是因为它打破了将宋明理学分为理学与心学两系的传统做法，创立了三系论。三系论与传统观点的最大不同，一是将五峰、蕺山独立为一系，二是将伊川、朱子判定为旁出。根据我的分疏，牟宗三划分三系所遵循的标准有两个。第一个是形著论。所谓形著论，是借用《中庸》"诚则形，形则著，著则明"的说法，突出心体的作用以使性的意义被全部显现出来，同时又借助性体以保障心体的客观性，使之不流于弊端的一种理论。形著论涉及对性与天的看法，具有根本性，不少学者只是做一般性的介绍，很难亮明自己的态度，或是赞成，或是反对。我因为在研究孟子思想的过程中对性与天的问题形成了自己的理解，所以对形著论抱明确的否定态度。在我看来，儒家历史上确实有将心体与性体划分开来的做法，心体来自本心，偏重于主观，性体来自天道，偏重于客观。牟宗三讲形著即源于此。但这里隐含着一个重大的理论疑点：为什么要用性体保障心体的客观性？研究下来，我否定了牟宗三的看法。发现良心是孟子对中国文化的最大贡献，受历史条件限制，孟子并不真正了解良心究竟来自何处，不得不借用源远流长的天论传统，将其根源追溯到天，以对其有一个形上的交代。根据我的一贯看法，良心主要是一种"伦理心境"，儒家把良心的来源归之于天，属于"借天为说"的性质，天并不是其真正的源头，借助天道和性体，无法真的赋予心体客观性，保障其不陷入流弊。历史上刘蕺山归显于密，分立心宗与性宗，确有扭转学风之效，但并不能从根子上解决问题。今天牟宗三顺着刘蕺山的路子大讲形著，希望用天道性体保障心体的客观性，同样很难达到预期目的。

牟宗三划分三系的另一个标准，我称为活动论。这个问题是由分判道德自律和道德他律引起的，更为曲折。在三系论中，牟宗三有一个重要判断：朱子是道德他律，不是道德自律，与康德所要求的道德自律思想不符，所以为旁出，即所谓"别子为宗"。这个判断在台湾学界引起过激烈争论。后来这种争论渐渐平息了下来，人们不再写文章，打笔仗，似乎问题已经得到解决。但在我看来，情况远没有如此简单，对这个问题还必须进行深入探索。我的研究分为两个步骤进行。第一个步骤是厘清牟宗三判定朱子为道德他律的真正用意。牟宗三研究儒学思想的一个显著特点是，将康德道德自律学说引入进来，但他将朱子判定为道德他律的做法有很大的不准确性。他这样做的真正意图是嫌朱子学说没有活动性，是道德无力。尽管这个问题有很深的理论意义，值得深入挖掘，但将朱子定为道德他律，无论如何都不能成立，道德他律不过是为其误戴的一顶帽子而已。第二个步骤是对旁出这个说法提出批评。在牟宗三的分判系统中，孟子、象山、阳明讲道德本心是正宗，伊川、朱子讲道德认知是旁出。我不同意这种看法。在我看来，孔子创立儒学，与道德部分相关的共有两个部分：一是仁性，一是智性。所谓仁性，就是孔子仁的思想，也就是孟子讲的良心；所谓智性，就是孔子关于学习的思想，也就是荀子讲的虚壹而静、朱子讲的格物致知。由仁性发展出后来的心学，为仁性伦理；由智性发展出后来的理学，为智性伦理。仁性与智性、心学与理学、仁性伦理与智性伦理的关系，理应互为补充，互为借鉴，不能互相排斥，互相抵触，更不能站在某一方判定另一方是旁出。牟宗三判定朱子为旁出，明显是将心学作为标准，有违于完整的孔子心性之学。标准出了问题，有失全面，结论的可信度自然就要大打折扣了。

杨少涵：人们常说，牟宗三思想曲折难解，听您这样说，我更加深了这种感觉。三系论确实曲折缠绕，需要好好消化才行。这是您牟宗三研究的第一个贡献，那么第二个贡献是什么呢？

杨泽波：我的牟宗三研究的第二个贡献是，澄清了牟宗三在智的直觉问题上的一系列混乱。刚才你说到感到三系论曲折缠绕，但与智的直觉问题相比，这还算不上什么，智的直觉问题才真叫复杂。牟宗三早年就关注过智的直觉问题，但《心体与性体》对此并没有过多涉及。以后不久，他有一个反省，认为这是该书的一个严重缺陷。为了做出弥补，他后来花了很大精力对这个问题进行系统研究，标志性成果就是《智的直觉与中国哲学》《现象与物自身》。是否关注智的直觉问题，成为牟宗三中年思想与晚年思想的一个分水岭。

在牟宗三看来，康德认为，智的直觉只有上帝具有，人不具有，所以人只是有限的存在，不是无限的存在。因为人没有智的直觉，而与智的直觉相对的是物自身，所以人的认识只能止步于现相，不能达到物自身。牟宗三不同意康德的这一思想，反复强调，儒家思想与康德哲学不同。儒家心学强调切己自反、反躬自求。切己自反、反躬自求，就本质来说，就是返回到自己的本心仁体。这种返回不需要如康德讲认识论那样借助时空和范畴，只要一返就可以得到，一返就能知晓。这种思维方式在儒家叫当下呈现，而这种当下呈现的思维方式就是康德不承认人可以具有的智的直觉。道德之心对外部对象产生影响，赋予其道德的价值和意义，也属于这种思维方式。因为我们承认人可以有智的直觉，所以人可以直达物自身，不需要像康德那样仅仅局限于现相。牟宗三将这一思想叫作"无执"。所谓"无执"，关键之点就是可以不受时空和范畴的制约，不再执于现相。

对于牟宗三的这一看法，学界往往过于天真，根本不承认甚至不曾想过这里会有问题。一些牟门弟子更是极端，见到有人提出不同意见，就必然起身反驳。当然，也有一些人似乎感觉到这里有问题，但出于善良的愿望，认为像牟宗三这样的哲学大家，只是六经注我，依义不依语，创造性地诠释而已。我的研究一开始也抱着敬仰之情，每当读不通，读不懂，无法跟上牟宗三思路的时候，总是抱怨自己理解力不够。经过长期探索，反复验证，方才看出牟宗三这方面的思想存在着相当严重的问题，并找到了问题的原因。

我之所以有这种转变，是因为在这个痛苦的过程中有了一个重大发现：牟宗三所说的智的直觉，就其思维方式而言，与康德的智的直觉并不是一回事，只大致相当于"胡塞尔现相学意向性的直接性"。"胡塞尔现相学意向性的直接性"是我拟定的一个说法，不是现相学研究中的固有概念，我之所以这样做，是因为它有利于说明牟宗三在智的直觉问题上为什么会陷入误区。智的直觉在康德学说中的一个重要特征是可以自己提供质料的思维方式，康德将其叫作"本源的直观"。牟宗三没有着重从这个意义来把握这个概念，而是将其理解为一种不依赖时空和范畴的思维方式。牟宗三看重的这种思维方式有很强的理论价值。依据胡塞尔现相学的基本原理,意识指向一个对象即创造一个对象的存在。重要性在于,意识的这种指向是直接进行的,不需要时空和范畴。胡塞尔这一思想对于中国人并不难理解。中国哲学的一个重要话题即是心与境的关系,强调境由心生,心外无境。借用胡塞尔的话说,这个由心生境的过程是直接进行的,是直接的创生、直接的赋予,不需要借助时空和范畴这些认识形式。因为牟宗三将智的直觉理解为不需要时空和范畴的思维方式,看到道德之心创生外部对象的存在不需要借助时空和范畴,是直接进行的,便将这种"直接性"与康德的智的直觉画上了等号,由此大谈根据中国哲学传统,人类完全可以有智的直觉,从而解决了康德的问题,并超越了康德,等等。

这个问题影响重大,涉及很广。比如,牟宗三有一个代表性的观点:道德之心可以创生物自身的存有。意思是说,道德之心的思维方式是智的直觉,在康德那里,与智的直觉相对的对象是物自身,所以道德之心创生的对象不再是现相,而是物自身。牟宗三的这一说法看似高深,但实际隐含着一个根本矛盾:道德之心创生外部对象的存有确实不需要借助康德所说的时空和范畴,但这种创生就其本义而言,是将道德之心的价值和意义赋予外部对象,这时的外部对象已经附加了道德的价值和意义,染上了道德的色彩,哪里还能被称为物自身?《贡献与终结》第三卷有这样一组标题,叫作"此智的直觉非彼智的直觉""此物自身非彼物自身""此两层非彼两层",就是要表达这个意思。以智的直觉为基础的"无执"概念,以及由此而来的"无执存有论",堪称"牟宗三儒学思想之谜"。

对于这个发现,我颇为得意。可以想象一下,《智的直觉与中国哲学》和《现象与物自身》出版已经几十年了,那么多人研究牟宗三智的直觉的思想,以至于它早已成为一个学术热点,其中既有研究中国哲学的,也有研究西方哲学甚至专门研究现相学的,还有不少人是研究中西比较的,但没有人能够清晰看穿这里的问题,识出这里的破绽,看到牟宗三所谓的"无执"并不是康德意义的智的直觉,只大致相当于"胡塞尔现相学意向性的直接性"。这个发现得来不易,绝没有任何夸大的成分。从这个角度出发,我觉得我的牟宗三研究有很大的"去魅"成分,也就是把牟宗三从神坛上请下来,将其作为一个哲学家与之对话。哲学家不是神,都会犯错误,都有缺点,问题仅在于后继者能否以一种平视的态度,把它们找出来。为此,我曾打过一个比方:面对 $4+6=?$ 的问题,小孩子填上 9,大人马上会说答错了。但当一个数学家在一篇论文中做出这样的表述,将其作为一个重大问题加以论证时,人们很可能出于善良之心,以一种诚敬的心情仔细寻找背后隐藏的深刻道理。直到绕了一大圈,走了许多冤枉路,排除了所有可能之后,才非常不情愿地承认是其一时笔误,犯了一个不该犯的错误。

杨少涵:这个问题确实复杂,我在阅读《贡献与终结》第三卷《存有论》时,这种感觉特别强烈,听您这么一说,我的思路清晰了不少。前面您说,您的牟宗三研究的第二个贡献是澄清了牟宗三在智的直觉问题上的一系列混乱。您为什么要用"一系列"这种说法?这是不是说牟宗三晚年的很多错误都是由此产生出来的？

杨泽波：是的，我用"一系列"这个说法就是这个意思。在《智的直觉与中国哲学》和《现象与物自身》之后，牟宗三将智的直觉的研究成果运用于其他领域，主要是两个方面：一是写作了《圆善论》，以解决康德无力解决的圆善问题；二是在翻译康德《判断力批判》之后撰写了长文《商榷：以合目的性之原则为审美判断力之超越的原则之疑窦与商榷》，以解决真美善的合一问题。由于他在智的直觉问题上的失误，这两个问题的解决都存在严重缺陷。

圆善是康德伦理学的一个重要思想。康德看到，人遵循道德自律原则可以成德，但如果成德的人不能得到幸福，那么道德的吸引力就会受到影响。为此，他设定了上帝的存在，以保障有德之人可以得到幸福。这种按比例配享幸福的道德，就是圆善。这个概念在过去被译为至善，牟宗三改译为圆善，更加精准贴切。很明显，在康德那里，与圆善相关的幸福，是一个物质性的概念，意即在现实生活中得到实际的物质享受。牟宗三看到了这一点，曾经明确指出，在康德那里，幸福是属于"物理的自然"、属于"气"的。不过，牟宗三并不认可康德的路数，认为在康德那里上帝只是设准，不是真实，所以康德无法证成圆善。儒家学说不同，不讲上帝，讲本心仁体，本心仁体是真实，不是设准，通过"诡谲的即"和"纵贯纵讲"两个环节，可以达成圆善。沿着这个思路完全可以解决康德不能解决的圆善难题，一举超越康德。这里暂时不讨论"诡谲的即"和"纵贯纵讲"中的问题，单就结果而论，通过这两个环节所能得到的幸福只是一种精神性的东西,并不属于"物理的自然",并不属于"气"。牟宗三通过"诡谲的即"和"纵贯纵讲"所能达成的幸福,说得直白一点,其实就是历史上儒家常讲不断的"孔颜乐处"。成就道德并非一帆风顺,很可能会受到挫折,甚至付出生命的代价,但经过辩证的转化,这些付出可以转化成内心的满足和愉悦。"孔颜乐处"所要表达的即是这一思想。虽然"孔颜乐处"很重要,不可缺少,甚至成了儒家学者的必修课,但它只是精神性的,而不是物质性的,不能以此来代替康德圆善论所要求的那种物质幸福。

这样就引出了一个问题。牟宗三明明知道康德圆善论中的幸福属于"物理的自然",他所证成的儒家意义的圆善只是一种精神性的东西,那他为什么要说自己已经解决了康德的圆善问题?在这个问题上,我困惑了很久,迟迟找不到答案。只是在牟宗三智的直觉问题的研究取得了实质性进展之后,才终于明白,这仍然是智的直觉问题惹的祸。在牟宗三看来,康德圆善论中的幸福属于"物理的自然","物理的自然"与"物自身"相应,康德虽然没有办法真正证明这种幸福,但也讲过上帝可以而且只创造物自身,不创造现相,因为上帝具有智的直觉。与此不同,儒家认为人可以有智的直觉,与智的直觉相对的对象是物自身,不再是现相,所以在道德之心创生存有的过程中赋予的那个幸福便不再是现相,而是"物自身层之自然"。既然儒家可以证成这种"物自身层之自然"的幸福,那么他就自然可以宣布,通过他的努力证成了这种幸福,解决了康德未能解决的问题,超越了康德。牟宗三对《圆善论》的评价很高，公开讲通过他的努力，圆善问题已经得到解决，而且是得到"圆满而真实的解决"，他自己也"达至消融康德之境使之百尺竿头再进一步"的境界。但我对牟宗三的这种自我评价持否定态度。道理说来并不特别复杂：我们可以说儒家学说解决圆善问题的思路更为合理，境界也更高，但绝对不能说由此已经解决了康德意义的圆善难题。

合一论也是如此。合一论是牟宗三儒学思想的最后一个部分。智的直觉问题上的失误对合一论的直接影响主要表现为"无相"问题。"无相"又称"无相原则"，是牟宗三合一论的核心概念。牟宗三论"无相"始于"无向"。这是两个相近但又不同的概念。在牟宗三思想系统里，"无向"即是妙慧妙感之静观直感，其核心特征是无关于概念。根据康德学说，审美判断属于反思性判断，不决定于概念，否则就成了规定性判断，与认识问题没有区别了。这一点没有问题。问题在于，牟宗三对康德智的直觉的理解有误，将这一概念理解为不需要经过时空和概念的一种思维方式。因为康德认为人没有智的直觉，认识必须经过概念，所以只能达到现相，不能达到物自身。中国哲学则相反，认为人可以有智的直觉，不需要经过概念，所以可以达到物自身，不再停留于现相。这种不需要概念的思维方式，就叫作"无向"。由"无向"必然引至"无相"。所谓"无相"，也就是没有任何的"相"。牟宗三以"无向"论"无相"，进而以"无相"为合一论的理论基础，遵循的就是这个逻辑关系。

然而，据我观察，这里有两个问题。首先，无关于概念未必就是"无向"。牟宗三没有意识到,"向"可以有多种,概念只是其中的一种。审美是将主体的标准、主体的意识赋予对象从而欣赏这个对象。这一过程虽然不需要借助认识意义的概念,但也是一种赋予。这种赋予同样是一种"向",不能说是"无向"。其次,更加重要的是,无关于概念未必就是"无相"。审美这一过程之所以成为现实的前提,是主体首先赋予对象意义。这种赋予对象意义,就是对外部对象施加一种影响。既然施加了影响,那么这个对象当然就染上了主体的色彩,具有了一种"相"。我将这种情况称为"美相"。"美相"也是一种"相",不再是物自身,哪能说是"无相"?

更为麻烦的是,牟宗三进一步以此证明"相即式合一"。他特别强调,审美品鉴有一种普遍性,这种普遍性不是一般意义的普遍,而是一种特殊的普遍。这种特殊的普遍性,即是一种如相的普遍性,只有从这个角度才能真正解决审美判断的必然性和辩证问题。道德之心有绝对的普遍性,必然表现于外,对宇宙万物表达意见。这种必然表现于外,就是它的必然性。在这个过程中,因为有智的直觉,所以可以达到"无相",而"无相"即是物之实相。既然是物之实相,那么当然也就是"一"了。一旦做到了这个"一",也就达到了"无净",达到了"必然"。于是,再无背反可言,真美善由此达到统一。

牟宗三的这一思想极为缠绕曲折,为人们的理解带来非常大的困难,人们很难理顺个中的逻辑关系,很难明白牟宗三所说的"无相"与审美品鉴的普遍性、必然性有什么关联。我们如果了解了牟宗三关于智的直觉的独特理解,了解了牟宗三如何从概念之有无来论智的直觉的有无，进而由"无向"论"无相"的基本思想历程，那么就可以看透这里的瑕疵了。说到底还是智的直觉有无的问题。牟宗三的基本看法是：康德因为不承认人可以有智的直觉，所以无法合理解决审美判断的普遍性、必然性和辩证问题；与此相反，儒家承认人可以有智的直觉，所以可以解决这个问题：人一旦有了智的直觉，便可以去除时空和概念，做到"无向"；一旦做到了"无向"，也就达到了"物之如相"，达到了物自身；一旦达到了物自身，也就是"一"，这个"一"就是普遍和必然；一旦达到了"一"，做到了"无净"，就再没有什么辩证问题，不需要如康德那样讲什么二律背反，以此为基础，就可以达到真美善的"相即式合一"了。在这套极为复杂缠绕的系统中，我们必须抓住一个中心环节：人的审美能否完全做到"无向"？根据上面讲的道理，审美尽管不需要借助作为认识形式的时空和范畴，但其本身并不是"无向"，其结果也不是"无相"，其对象更不是物自身，仍然不是"一"，仍然达不到"无净"。因此，希望通过"无向"和"无相"达到"相即式合一"的路数，很难真正确立起来。

杨少涵：听了您上面的介绍，我对《贡献与终结》封底中的一段文字有了进一步的理解。那段文字好像是这样说的："牟宗三思想历来以曲折艰深著称，是很长一段时间以来儒学研究最困难的题目，没有'之一'。"

杨泽波：是的，那段话代表了我的基本看法。我从事牟宗三研究时间很长。不算早期的准备，《贡献与终结》正式动笔写作始于1998年，而出版是2014年，前后长达十五六年。这段时间最大的感受就是一个字：难。我常说，牟宗三研究实在是太难了，不知天底下为什么会有如此困难的题目。好在我的特殊经历帮了我很大的忙。这又要讲到"七七、七八现象"了。据我了解，"七七、七八现象"中的人除了比较注意独立思考之外，吃苦精神比较强也是其明显的特点。因为生活背景不同，社会为这拨人提供的机会比正常状态要少得多。要是不能吃苦，不能吃别人吃不了的苦，早就被淘汰了。牟宗三研究实在是太难了，中途几次打算放弃，甚至怀疑自己根本没有能力做这个项目。好在长年的部队生活使我养成了不怕苦的习惯，让我坚持了下来。在部队常听老领导讲，一个好部队必须能打硬仗。一个山头，别的部队拉上去，就是打不下来守不住，另一个部队拉上去，不管付出多大牺牲，就能打下来守得住。这就是好部队。人也一样，别人做不成的事，你能做成，你就是个好兵。反之，作风稀松，办事拖沓，吃不得苦，就是一个不好的兵，就是一个孬种。我能完成牟宗三儒学思想研究，确实得益于我在部队受到的教育、养成的习惯。

这里也可以总结出一个治学的经验来。根据我的体会，治学有一个基本的经验，就是要和"大家"较劲，我俗称"傍大款"。历史上可以研究的对象很多，其中有大人物，也有小人物。相对来说，研究小人物比较容易一些。特别是一些之前不受人重视的人物，因为大家都不关注，研究起来相对来说就比较容易。大人物就不同了。大人物受重视程度高，研究的人多，很难在这里弄出新名堂。但研究大人物也有好处，一旦研究好了,有了突破,就可以由点带面,形成大的理论效应。现在回想起来,我出道以来,系统性地研究了两个人物,一个是孟子,一个是牟宗三。这两个对象一前一后,都是儒学发展史中最为重要的人物。因为是重要人物,所以研究起来特别难。20世纪80年代曾有学者写文章,将性善问题誉为儒学研究中的哥德巴赫猜想,可见难度之高。牟宗三也是公认的儒学研究中最为困难的课题,没有之一,其曲折缠绕的程度令人难以想象。我抓住了这两个大人物,遇到了很多困难,吃了很多苦,但正因如此,收获和进步也大。前面讲了,孟子学研究方面我的三个观点,是发前人之未发,后人很难改易的,牟宗三研究方面的两大贡献,难度更高,后人同样难以否定。当然,这只是我个人的看法,其他人是否接受,还需要历史的检验。

杨少涵:您的牟宗三研究的几大卷推出来以后,学界有所关注,最近也有相关的商榷论文陆续出来。但据我的感觉,关注度与重视度似乎并未达到应有的程度。当然,其中也有很多原因,比如消化这几卷书也需要一个时间。但也有另一种说法,认为这几卷书没有达到相应的重视度,是由于牟宗三哲学"热过"了,或者说学界的关注重心转移了。那么,据您的观察,目前两岸四地的牟宗三哲学研究到底是一个什么状况?

杨泽波:你说的这种现象,我也注意到了。《贡献与终结》出版后,学界似乎并没有引起很大的反响。个中缘由值得总结。你说这里有"热过"了的原因,有一定道理。牟宗三研究已经热了二三十年,现在新的研究课题层出不穷,牟宗三研究确实给人有点"过气"的感觉。当然,我认为,你说的前一个原因恐怕更重要，这就是需要一个消化的时间。我的牟宗三研究不是零打碎敲的，而是一个完整的系统，其中很多问题都带有根本性，要对我的研究进行批评，同样需要有整体性。这就需要一个消化的过程。《贡献与终结》出版后，一些牟门弟子跟我说，要写文章进行商榷，我表示欢迎，以便共同推进牟宗三思想研究，但至今尚未看到他们的文章。与前些年过"热"的局面相比，现在的确有点"冷"。对此，我一点都不失望。我一直有一个理念：好的东西自有人识货。我相信我的牟宗三研究是认真之作、泣血之作，是好东西，不会缺少识货人，只是条件不成熟，时机未到而已。

杨少涵：这就涉及这些年儒学界内部一个不可避免的话题，即"大陆新儒家"。"大陆新儒家"无论如何界定，有一点是不会有问题的，就是其对话的对象一开始是港台新儒家，尤其是牟宗三。所以，有一些港台新儒家的弟子参与了大陆新儒家的对谈。但是，我们发现，包括您在内的很多研究港台新儒家的大陆知名学者，似乎并不热衷参与其中，也很少公开发声。我感觉您肯定有话要说，趁此机会，不知能否稍微谈一下您的总体看法。

杨泽波：你提的这个问题很尖锐。我注意到了，这些年来这方面的问题争议很大，很热闹。我不介入其中，是因为我不接受现在这种"大陆新儒家"的称谓。"大陆新儒家"的说法可回溯到现代新儒家。现代新儒家按照刘述先的分类，有"三代四群"。第一代分为两群，是现代新儒学的开创者：第一群是熊十力、梁漱溟、马一浮、张君劢，第二群是冯友兰、贺麟、钱穆、方东美。第二代是第一代的继承者,主要是唐君毅、徐复观、牟宗三。第三代是第二代的学生辈,主要包括杜维明、刘述先、成中英、余英时。这些人大部分生活在海外,又称为海外新儒家。一段时间以来,大陆一些学者对现代新儒家有所不满,认为他们过于关注心性之学,没有注意政治之学,政治之学才是儒学的根本目的,掀起了将研究重点回到政治儒学上来的热潮。在这个大旗下,聚集了一批较为年轻的学者。他们的重点与前辈不同,关注政治,关注经学。因为政治离现实很近,容易吸引眼球,所以很快就引起了社会的关注,产生了激烈的争论。因为这些学者生活在大陆,所以有人将其叫作"大陆新儒家",以与海外新儒家相对。

对于这种情况,我一开始就抱着警觉的态度。我的想法有两个基点。一是对于政治儒学的强调不宜过头。现代新儒家第二代中的一些人物确实有忽视政治之学的倾向,需要加以校正,但不能因此而走向反面,将心性之学与政治之学断然分割,视为两个不搭界的东西,更不能因此认定心性之学就不能研究了。心性之学与政治之学是一个有机整体,心性之学是政治之学的基础,政治之学是心性之学的目的。既然心性之学是政治之学的基础,那么当然可以单独研究。有人一见他人谈心性之学,就大光其火,讥之为过时,其实是很可笑的。二是要在政治之学研究方面有大的突破,必须在心性之学探索方面有扎实的功底。在一些学者看来,只要重新回到汉学,回到经学,重新重视康有为,在政治制度方面做好文章,就可以补救前人偏重心性之学之失,就能救治社会,他们认为这才是儒家应有的立场。这是一个很大的误区。按照我的理解，社会上的问题，包括政治问题，只有在哲学层面得到解决，才是真正的解决。在儒家文化中，政治之学的基础心性之学，这方面蕴含的哲学问题非常多，非常深。不在心性之学上弄清楚，不在哲学层面有本质性的突破，单纯关注政治操作，回重汉学，当然也有意义，甚至可以迅速吸引人们的目光，但很难从根本上解决问题。

基于这两个方面的考虑，我认为现在"大陆新儒家"这一说法过于狭隘。与海外新儒家相对应，当然可以谈"大陆新儒家"。但对"大陆新儒家"这个概念需要予以新的界定。从长远看，这将是一个庞大的群体，人数众多，不宜成为现在某些人员的专属名词，而现在所谓"大陆新儒家"的研究进路也有商榷检讨的余地，至少我在一定程度上持保留态度。

杨少涵：由此想起一件小事。2016年上半年我在台湾访学，听到一个从大陆交流回去的学生说，大陆高校的很多哲学系不像哲学系，更像历史系。我直接就说他的说法很片面。但他的话也反映了一个现象，就是大陆高校很多哲学系的中国哲学专业更重视文献整理，台湾高校的哲学系（中国哲学专业）普遍比较重视理论思辨，文献整理工作则多放在历史系或中文系，当然台湾高校的中国哲学专业不少是放在中文系的。您一直比较重视中国哲学的思辨性，您对这种现象有何看法？

杨泽波：我赞成你的这个观察。我对现在大陆高校哲学系的现象也不太满意。现在不少学校的哲学系其实只是第二个历史系，或打着哲学名号的历史系。不管是老师还是学生，研究的只是文献整理，只是历史。这些研究当然有价值，但不能和哲学画等号。前些日子遇到陈来，他讲现在海外学者对大陆哲学界不理解，批评说，大陆有那么多人，但很少出现原创性的思想。这种批评不能说没有道理。复旦大学哲学学院也是如此。这些年哲学学院办了国学班，收了一些对传统文化感兴趣的学生。这些学生底子不错，也有热情，但他们的思想重点大多放在了史料上。我多次讲过，我对这些国学班的学生不满，甚至非常不满。按这种倾向发展，他们中或许有人能够成为不错的学问家，也会有作为、有贡献，但不可能成为一流的哲学家。哲学是人类对形上问题追问的反思，旨在解决人类存在的根本性问题，必须能够引领时代。这与单纯的历史性研究有本质的不同。

杨少涵：您的孟子学研究与牟学研究均已告一段落，您是一个闲不下来的人，据我的了解，您有更重要的工作即将完成，不知能否给我们"剧透"一下？

杨泽波：我虽然也算是"七七、七八现象"中的那拨人，但由于经历特殊，出道比同龄人要晚十来年。我还在为写博士论文拼命努力的时候，与我年龄相仿的人不少已经是博导了。"上路"晚了，就必须赶路，要补很多东西，所以一刻不敢偷懒。你说我"是一个闲不下来的人"，我完全承认。上面讲了，自出道以来，我主要就做了两件事：一是孟子学研究，前后用了十年时间；二是牟宗三研究，前后经历了差不多二十年。这两个阶段有着很强的内在关联。我在研究孟子的过程中发现了一种儒学研究的新方法，即所谓"三分法"。这属于"立"。与此不同,牟宗三研究是对这种"三分法"的一种应用。换句话说,我是以自己的"三分法"为基础来研究牟宗三儒学思想的。我对牟宗三坎陷论的评论、对三系论的批评,都可以看到这个用心。这属于"破"。

通过这一"立"一"破",我的研究方法已经有了大致的模样,但因为时间短,还较为粗疏,不太成熟。我一直想找一个机会,将这种新方法以严谨的哲学方式建构起来,牟宗三研究告一段落后,便马不停蹄地进入到新的课题中来。我将这一新的研究起名为"儒家生生伦理学引论"。这里有几个关键词。一是"十力学派"。这里所说的"十力学派",特指由熊十力到唐君毅、牟宗三一系相传的学派。前面讲过,我接触十力学派是 20 世纪 80 年代读研究生的时候,是通过牟宗三返回到熊十力的。熊十力学说最明显的特点是"贵在见体",这个体即是道德本体。牟宗三受此影响,同样大讲本体。在其著作中,关于本体的说法极多,如仁体、诚体、神体、易体、中体等,不一而足。牟宗三大讲本体,对于收拾人心、重建道德,发挥了很好的作用。但无论熊十力还是牟宗三,都没有注意道德本体的时间性和空间性问题,有将道德本体绝对化的倾向。从理论发展前景看,这个问题的价值很高,直接涉及如何传承十力学派的问题。二是"生生"。我不满意十力学派的发展,希望继续往前走,一个重要的努力方向便是将时间性和空间性加入道德本体。为此,我引入了一个核心概念,这就是"生生"。"生生"是中国哲学的一个古老思想,出自《系辞上传》第五章的"生生之谓易,成象之谓乾,效法之谓坤,极数知来之谓占,通变之谓事,阴阳不测之谓神"。这里的"生生"可以有不同的解读,既可以理解为动宾结构,也可以理解为主谓结构,还可以理解为两个动词的叠加。但不管取哪一种理解,"生生之谓易"这一说法都表明一阴一阳的变化是永不停息的过程。从哲学上分析,这其实就是指万物生长是包含时间性的,但历史上很少有人将这一思想用于道德本体的研究。我从事儒家生生伦理学研究,就是要从"生生"的角度出发,将时间性和空间性作为道德本体的重要属性,彻底改变之前旧有的思想范式。

三是"三分法"。我以时间性和空间性解读儒家的道德本体,也就是孔子之仁、孟子之良心,必然带来一个新的看法:因为道德本体有时间性和空间性,那么道德本体就不像传统所说的那么绝对。这个问题带来的变化具有根本性,它可以帮助我们明白,儒家道德学说中道德的根据,并非如西方道德哲学中的理性那样单一,它是可分的。换句话说,在儒家学说中,在道德层面,与道德根据相关的并非只有一个理性,而是有两个,即仁性和智性,此外再加上欲性,共同组成欲性、仁性、智性的三分结构。与此相应的方法,就是我所说的"三分法"。自孔子创立儒家开始,遵循的便是这种三分的模式,从而展现出同西方道德学说感性与理性两分格局完全不同的景象。从这个角度出发,对于性善性恶、心学理学,孟子荀子、象山朱子,就会有一个全新的理解,不仅可以将其有机统合起来,告别性善与性恶、心学与理学孰是孰非的历史之争,而且可以为解决西方道德哲学中的某些重大难题提供有益的思路。从这个意义上说,"三分法"不仅是儒学的,而且是世界的。我在这方面的思考已经很多年了,之前一直抽不出精力来。现在好了,告别了牟宗三研究,可以全身心投入这项研究。这才是我最希望研究的题目,也只有这项研究才能真正代表我的思想。这项研究现在进展得较为顺利,希望能够在最近几年内与读者见面。

后　记

　　五卷本《贡献与终结——牟宗三儒学思想研究》（上海人民出版社，2014年）、《〈心体与性体〉解读》（上海人民出版社，2016年）分别出版后，牟宗三研究对于我来说就已经结束了。

　　在山东参加"孟子文献学高端学术研讨会"期间，梁涛先生跟我说，中国人民大学出版社约他组织一套类似西方那种"口袋书"的系列，扼要介绍一个学派或一个人物，建议我把《贡献与终结》做一个摘编纳入进来。一开始我坚决反对，认为《贡献与终结》体量庞大，不宜被收入这种小编制的系列。梁涛先生并不放弃，反复强调"这样做并不影响人家读你的书，反而会对读你的书有所帮助。很多人可能在读了'口袋书'之后感到不满足，再去读原作"。我想，这话也有道理。《贡献与终结》体量庞大，240余万字，定价又高，大大限制了它的传播。如有"口袋书"这种形式，读者可以比较方便地了解其主要内容；若是感觉不足，作为专门研究，自然会回过身来阅读原书。就像小说改成电影后，人们往往更要读小说一样。于是，我改变了主意，接受了他的建议。

　　这个小册子分别由《贡献与终结》的总序与各卷卷上最后一章组成。《贡献与终结》的总序对牟宗三儒学思想的内容、理论贡献、方法缺陷进行了梳理，在全书中占有重要位置。此次收入作为导论，只取其第二、三、四节，删去了第一、五、六节以及与这个小册子不相应的注释。《贡献与终结》以历史为顺序，将牟宗三儒学思想划分为坎陷论、三系论、存有论、圆善论、合一论，每一论设一卷，每卷分上下两个部分，卷上是论衡，卷下为学案，卷上最后一章为综述，以总结论衡部分的主要内容。这个小册子将各卷综述的五章收入进来，内容不做修改（极个别地方的修改均以注释加以说明，并标明原书的页码），只是变更了标题以及前后衔接的文字。最后想对《走下神坛的牟宗三》这个书名做一点说明。我的牟宗三儒学思想研究可以说是一个"去魅"的过程，即把牟宗三从神坛上请下来，将其作为一个哲学家与之对话。这个书名所表达的就是这个意思。庆幸的是，经过学界这些年的努力，神化牟宗三的局面已经不存在，这个目的已经达到。

本书附有名为《"七七、七八现象"与我的哲学研究之路》的访谈录。里面讲到，我在牟宗三研究上花费如此力气，其贡献最重要的莫过于两端：一是否定了牟先生的三系论；二是澄清了牟先生在智的直觉问题上的混乱，强调"物自身存有"不过是一种"善相"而已。当然，这只代表我自己的看法，能否立得住，还需要历史检验。

最后要感谢梁涛先生，没有他的热心和坚持，就不会有这个小册子的问世。中国人民大学出版社的编辑罗晶工作认真负责，避免了一些错讹，在此也致以谢意。

作者 2018 年 6 月识于复旦光华楼

图书在版编目（CIP）数据

走下神坛的牟宗三/杨泽波著. —北京：中国人民大学出版社，2018.11
（中国哲学新思丛书/梁涛主编）
ISBN 978-7-300-26047-1

Ⅰ. ①走… Ⅱ. ①杨… Ⅲ. ①牟宗三（1905-1995）-新儒学-哲学思想-研究
Ⅳ. ①B261.5

中国版本图书馆 CIP 数据核字（2018）第 179801 号

中国哲学新思丛书
梁涛　主编
走下神坛的牟宗三
杨泽波　著
Zouxia Shentan de Mou Zongsan

出版发行	中国人民大学出版社		
社　　址	北京中关村大街 31 号	邮政编码	100080
电　　话	010-62511242（总编室）		010-62511770（质管部）
	010-82501766（邮购部）		010-62514148（门市部）
	010-62515195（发行公司）		010-62515275（盗版举报）
网　　址	http://www.crup.com.cn		
	http://www.ttrnet.com（人大教研网）		
经　　销	新华书店		
印　　刷	涿州市星河印刷有限公司		
规　　格	148 mm×210 mm　32 开本	版　次	2018 年 11 月第 1 版
印　　张	5.875 插页 2	印　次	2018 年 11 月第 1 次印刷
字　　数	118 000	定　价	38.00 元

版权所有　　侵权必究　　印装差错　　负责调换